中华武术典籍珍藏

民国武术文献选刊

第一辑　第二卷

崔虎刚　收集整理

北京体育大学出版社

责任编辑：吴　珂
责任校对：田　露
版式设计：高文函

图书在版编目（CIP）数据

民国武术文献选刊. 第一辑. 第二卷 / 崔虎刚收集整理. -- 北京 : 北京体育大学出版社, 2024.2
（中华武术典籍珍藏）
ISBN 978-7-5644-4017-6

Ⅰ. ①民… Ⅱ. ①崔… Ⅲ. ①武术一文献一汇编一中国一民国 Ⅳ. ①G852

中国国家版本馆CIP数据核字(2023)第255373号

民国武术文献选刊. 第一辑. 第二卷　　崔虎刚 收集整理
MINGUO WUSHU WENXIAN XUANKAN. DI-YI JI. DI-ER JUAN

出版发行：北京体育大学出版社
地　　址：北京市海淀区农大南路 1 号院 2 号楼 2 层办公 B-212
邮　　编：100084
网　　址：http://cbs.bsu.edu.cn
发 行 部：010-62989320
邮 购 部：北京体育大学出版社读者服务部 010-62989432
印　　刷：北京雅图新世纪印刷科技有限公司
开　　本：710 mm × 1000 mm　1/16
成品尺寸：170 mm × 240 mm
印　　张：11.5
字　　数：120 千字
版　　次：2024 年 2 月第 1 版
印　　次：2024 年 2 月第 1 次印刷
定　　价：72.00 元

筹委会

（排名不计先后）

【河北】

王雪松　董智勇　侯晓山　张春光　智　泳　李向东　王弘武　苏建中　魏朝辉
王英臣　赵　军　段雷朋　王欢迎　孟祥国　刘明华　王文革　董法胜　卢宝库
马新华　孟令斗　李学兵　龙　威　狄松涛　牛树天　孟令聪　张永泽　孟令兴
孟令江　张思雨　高立新　陆明文　赵世君　张守安　王向东　赵永亮　曹彦场
刘　念　许　栋　卢保卫　庄国伟　孙　健　巩国平　孙　振　姜海伟　徐书长
王　宾　王永涛　赵志勇　张剑军　孟祥龙　柴海生　田卫民　王铁英　张继斌
秦晓悦　刘红强　王长军　田振伟　田　伟　闫庆洪　郎立成　张坤伟　李　波
周　弘　郗建勋　刘光芒　王福庆　张星一　董贵轩　高国辉　孟春华　陈志刚
张增海　李常琳　章建春　张　斌　李　冰　王小龙　鲍玉龙　常　军　李会锋
盖国海　张铁柱　钟俊峰　张根云　任增良　宋分成　李保辉　卜元法　刘　雷
封佳良　李立兵　郝桂英　杨志英　赵连江　张　聪　夏令虎　李正国　丁　强
李文龙　王学武　陈宇明　李金龙　张　义　牛志勋

【山西】

李旭东　刘笃义　苗树林　李乃勤　张振杰　陈贵更　姚建东　张　欣　邢晓朝
王连恒　王　兵　马德祥　薛文江　温锦铭　杨　军　郝利华　李俊杰　王守禄
董冬元　张奇林　任晓平　沈炜东　赵京生　刘叔勤　梁光平　郭玉文　李　白
王理生道长　吴志刚　阎子龙　王宏伟　王　建　李德仁　郭润泽　高玉兔
许青行　孙君荣　陈　娟　赵国华　王银辉　胡晓琴　田志丹　韦树杰　温玉恩
胡元亮　马海平　张玉全　阴建文　王日兵　郭　扬　释妙修　高全民　何　军
冉高峰　李正业　王勇义　晨　曦　田正西　马学恩　郭晋博　王建筑　高宝东

王太晨　侯庆林　朱喜何　宋宝贵　宋俊芳　吴会进　王俊香　张樋军　王德俊
胡佳锋　王雨东　李青峰　史德全　吕　卓　梁文章　李宇鹏　于庆海　吕永昌
吕传泳　李景福　乔一铭　王攀峰　石大永　姬俊峰　贾国喜　吴利生　吴利民
杨志忠　胡安辉　曹中义　胡丽娟　武　冬　王　勇　陆向春　高　静　姬　才
殷文军　王苗祥　王仲文　江俊峰　张丕锋　白玉仁　刘铁铸　秦同文

【内蒙古】

刘井春　褚海东　孙根新　宋仿琛　范健宇　武静安　刘永文　郭迎宾　王浩亮
卢爱琴　乾　坤　白景春　张国华　吕瑞亭　刘世君　周彦明

【北京】

胥荣东　康戈武　徐　杰　于昕洋　肖红艳　酒大雷　姜启超　聂志涛　刘　翊
吕鸣捷　赵安平　尚远宇　王　凯　孙汝贤　牛立新　孙国中　党雪田　高晓光
贾永安　邸国勇　乔　宁　辛　强　刘　铄　程庆余　王　桐　赵天阳　左宇彤
韩俊瑛　孙嘉浜　孙文景　白石羽　德　全　欧　阳　万周迎　徐　鹏　刘路遥
李　谷　左　健　付洪波　成金俊　黄志刚　李　戈　彭　龙　陈　铁　高雪峰
王宝山　王中行　王沥斌　贞　达　孙庆丰　薛　岩　李　迎　张　斌　洛　尘
张　磊　金　微　秦保华　杨文学　王庆年　徐　许　刘福龙　孙国柱　刘满常
于　浩　张国儒　刘万成　于　江

【天津】

崔　巍　于经元　胡向阳　刘宝林　张天龙　张金旺　丁伯立　顾海波　赵文龙
王　诜　王福勇　崔媛媛　马延凯　张聚贵　孙国善

【辽宁】

刘洪刚　任　彬　于万凯　孟　涛　黄中元　高　朋　万　勇　梁　丰　孔德林
潘大庆　王秀如　臧福源　李保刚　薛圣东　孙贵东　袁　波　张　悦　韩宝轩
蒋秀山　侯　明　乔　武　刘英伟　张国志　刘计星　李金友　高　宇　马　畅
郑维钧

【吉林】

张　河　邓宇光　李　银　丁　皓　骆立文　王君波　孟　宇　徐厚祥　佟　冰
倪　郝　赵　耀　郭其武　袁洪范　刘　君

【黑龙江】

佟亮辰　张艳阳　陈玺镔　张指辉　王　皓　宋　梁　郭宝成　陈　斌　刘立国
毕文波　杜伟国　黄忠伟　李　冰　吴　俣　曹志峰　马宏伟

【河南】

张雄鹰　种明生　郭航海　王志远　贾自愿　安呈林　朱利军　释延布　杜长坤
刘启飞　石　勇　王农川　郑营俊　常青州　张　艺　马众森　王占敏　巩建松
倪根上　陈近仁　李朝乾　李紫剑　邢红义　李佩革　刁修华　梁靖予　宋尚军
释延巽　李红林　赖庆新　陈万军　郝跟上　张　帆　恒　勇　王子淳　张亚东
孙明亮　魏淑云　赵振选　王会武　耿　军　买西山　买　威　时晓武　买　勇
买仁萍　仵　锋　马德占　王长明　张伟兵　代忠波　张　玮　段建民　孙保才
李小欣　酒同标　酒小郎　苗轩国　孙和龙　孙随成　焦立武　王建设　刘培兴
苗鸿宝　苗步超　张运生　苗田营　苗富强　杨德民　胥兆飞

【湖北】

徐　斌　张建生　李应龙　刘　杰　石　峰　田　浩　夏四鸿　梁靖予　陈玄机
瞿凤华　秦声浩　严　飞　姜学斌　郑桂桐　胡炳林　李德民　薛兴江　胡圣奎
王卫红　焦通章　徐赐兵　黄亚平　戴珂铭　张　显　刘秋龙　马国平　薛劲松
李志武　丁大益　黄胜文　唐俊虎

【湖南】

苏若鸣　陈开喜　王常秀　张常海　邹　骁　刘建湘　黎昌元　向军华　张继桂
蒋谷川　滕召军

【广西】

黄耀丹　夏　敏　唐晓艺　严翰秀　赖铭强　梁杰乔　张容嘉　廖贤阳

【广东】

于鸿坤　蒋荣杰　任官生　蒋子龙　张俊林　蒋化一　李湘山　刘　泉　沈建杰
余锐镔　张勇强　方　金　陈　执　毕荣俊　刘志坚　靳清江　马廉祯　吴广添
邵剑波　梁伟民　颜志图　吴启贤　陈　伟　王　贵　张梦阳　陈福和　廖锦泉
方应中　陆常康　杨亚国　房向南　陈健志　覃海权　徐　宏　梁柏清　赵刚生
江善祯　房　生　黄　熠　李伟光　贾华兵　王会哲　林国生　吴晓辉　吴立群
洗伟昭　梁文楷　黄仕君　曾奕涵　钟立强　陈会崇　杨柳标　王邦菊　张广辉
刘志添　刘春涛　杨春茂　詹亮清　莫华法　罗浩苑

【深圳】

郑喜平　周　华　李翰青　曹革林　苏洪海　梁　丰　贾永唐　徐百军　连　成
蒋定臻　王继勋

【海南】

梁昌泰　张　雷　李　秀　陈东升

【山东】

高鹏熙　李满利　张松仁　谭京杰　王　刚　马　斌　刘　毅　孙胜辉　周云峰
王玉金　尤明达　厉善祥　刁长俊　周庆春　孙丰玺　许　峰　王芝强　王　斌
刘维明　战文腾　宫智辉　倪德飞　孙思蒙　张　斌　郝代远　史　鼎　康汝宙
郭　宁　张长生　赵延俊　张胜利　张克田　周　游　刘　伟　安宝东　刘军农
董玉明　王景钏　贾友民　张树远　李保庆　王继国　王焱鹏　潘　章　高　承
李万温　张卫东　王宏全　王　伟　梁国爱　李海涛　李飞林　刘连洋　王国川
郑中华　张彦营　姚　磊　刘东强　白正刚　吕延波　洪卫国　张延斌　谷志强
孙晞棠　赵国忠　邓　桦　曹广超　周　琦　陈　雷　泰　祯　李安国　郭英新
徐西林　董志忠　张乐华　孙瑞全　张元海　刘龙昌　谭凯文　冯长源　杨　雷
张　涛　李其胜　梁殿品　张祥泽　朱宗启　薛士玉　杜孝伟　朱永强　樊　霄
杨圆义　刘道毅　李若现　王立岩　要学良　刘圭生　郭玉刚　张　鹰　李金顺
彭维利

【江苏】

杨　忠　窦小彦　许　忠　江其林　兰顺林　王存果　刘季月　周晓明　卜照生
张　亮　马　伟　时丕昌　师厚春　徐　帆　林圆龙　梁　雪　王新跃　谢逸繁
李　胜　解建昌　张爱成　沈枫涛　翟爱武　王吉波　张爱春　王海港　胥子连
毕明府　程　明　刘　通　陈军民　虞洪涛　张　滇　陈灏梁　景怀义　韩运疆
宫翠峰

【浙江】

仇富军　吕　亮　倪顺坚　孙　吉　杨秦健　张　斌　金　翰　王良辰　李继红
蔡德强　戴有木　张青松　马俊成　刘　柱　俞永辉　刘立存　李诚勤　张　俊
高宜挺　许科军　俞佐清　顾　坚　王圣华　刘小峰　杨　华　陈碧如　邓显群
顿鹏辉　江　澜　王一静　姚步高　江敏华　王纪杰　蒋　文　陈宇阳　钱周锋
周　明　蒋仲清　陈幼根　周　锋　陈沛宝　赵　青　凌风子　景　然　周美良
潘小江　卢成昌　潘石弟　凌懿文

【福建】

王福民　蔡卫权　倪忠森　王振河　张祖永　蒋秀山　许剑云　陈向荣　孟庆贺
连国汉　林　峰　俞景耀　陈恒演　涂智兴　罗建晖　林和顺　胡文辉　梁　涛
林建栋　吕信明　周　攀　杨　晗　刘有春

【安徽】

胡春泉　曹　军　钱军帅　祝安园　聂红松　江　奎　魏　冰　毛立欢　冯　皓
欧阳兴业　马　林　铁中玉　刘俊杰　王靖华　武爱东　陈晓东　徐永银
吴　笛　陈　军　赵　飙　张宏华　王　磊　吴　昊　胡卫东　吴　伟　谭全胜
刘法志　汪　泉　乔长良　朱红军　杨纯生　卫　存　卢　杰　秦　琥　王学东
聂　刚　曹其根　曹季泉　曹加才　纪良发　曹　凯　董德霖　张　博

【江西】

熊庆云　钟水清　李舒霖　郭木青　王联军　唐毓堃　张功燚　李江明　屈　群
刘　超　应宗强　李洋洋　陈　军　乐　繁　代建国　钟祥明　虞法志　章新尧
林爱兵　林国生　刘炳开　童加清　李曦初　李海斌　王禹平　崔瑞郡　李广华

【上海】

林　杰　谭振勇　朱长跃　樊永平　杨雨辰　金培贤　金俊达　尹　捷　薛怡平
鞠学东　阚水源　凌先生　孙连盛　杨志承　孙经纬　王宝财　谢琦辉　刘　志
何轻舟　吴爱民　宋　旭　游　清　释永照　董家良　董纲成　陆龙祥　陈海光
梅永福

【陕西】

李　钢　张　钢　郭华东　邵　华　杨俊伟　罗　德　董安强　贺元瑞　杜群喜
杨伟峰　王晨生　杨　坚　白永东　孙　武　陈少纯　郭桂荣

【甘肃】

郝心莲　辛富国　金　宏　李宝才　温世杰　马　伟　汪子竣

【宁夏】

杨文舜　梁杰乔　吴　涛

【青海】

马宏伟　朱春明

【新疆】

赖宝珊　任　军　黄尘哲　张新民

【云南】

黎丽辉　曾　瀚　李太宏　鄢　博　赵顺军　张晨光　叶昆生

【贵州】

杨绍平　谢明宇　刘　曦　孙鲁龙　黄　檗　刘庆涛　曾昭弟

【四川】

侯　毅　古海啸　梁军民　金　亚　李　阳　周新杰　罗　斌　王伟骅　陈兴均
曹　卉　兰　唯　唐博文　郭　建　邱湘彭　罗小波　唐　昶　黄趾洲　温昌奇

【重庆】

罗　明　徐泉森　罗先雄　曹晓东　陈治军　张文欣　张宗华　周光华　黄文才
吴洪明　刘天海　袁一晋

【香港】

李健雄　Mehdi　谢永铭

【台湾】

杨正隆

【其他国家】

黄少武　王振身　陈　闯　龙勿用　胡耀武　柳寿晨　容光远　张立彪　甲斐正也
村上正洋　片桐阳　马永光

特别鸣谢

李金明　王彩鲜　李延春　庞明泉　李　翔　智晓园　于　芳　张　梅　周兰英
安　毅　王新瑞　李克宣　崔并花　杜崇开　刘　洽　张　昭　李继光　薛思问
杨春兰　李　懿　邹德发　吴世勋　高友孝　刘瑞荫　黄兴发　王云山及其姐
袁树礼　郭荣珍　耿爱梅　刘丽俊　郝富义　李补鱼　郝锦园　杨桂芳　杨洪喜
刘怀玉　钟雪友　蔡震升　伦怡馨　高　瑛　李龙城　张魁武　柳百成　张德生
李建勇　贺国安　王慧琴　冯银刚　韩太民　韩原民　曹东红　王　浩　韩常林
韩焕茹　尤素娥　赵海凤　胡玉洁　张桂兰　田喜凤　郭宝芳　魏宏斌　袁建斌
郭　宏　马润生　冯骑明　阎文辉　焦清华　王秀丽　郭　刚　韩秀英　卢冬光
张雪刚　尹贵龙　范阿宝　朱建华　巩爱平　胡建彪　何建东　郝宪伟　郝建邦
郭仁实　高澍芃　江敬斌　薄建东　郑　炜　周　宏　吕　毅　徐用生　田春林
李　明　师维勇　韩小华　尹小玲　赵学毅　刘巧莲　任建玲　赵媛凤　义瑞珍
张玉香　张秀玲　魏巧燕　王小源　海晓霞　刘庆林　赵丽华　徐　静　姚书典
殷　岩　王小根　王海英　宁晚林　胡玉亭　乔　栋　田振山　林　纲　赵大春
朱　峻　王民忠　李　刚　顾武安　李　峰　章　青　叶林忠　贾云杰　许树华
杜　箐　刀京梅　孙慧敏　姜淑霞　王占伟　王艳玲　常学刚　梁伟民　王跃平
冉宏伟　王　蓉　苑博洋　胡志华　李博伦　宋杨萍　韩　翔　田海英
恩师朱华先生、师母冀秀珍女士
父亲崔官禄、母亲王玉莲及兄弟姐妹各家人

目录

忠义拳图稿本　卷二　1

太极拳源流　83

忠义拳图稿本　卷二

提要

《忠义拳图稿本》，四册，以卷一、卷二、卷三、卷四区分。从卷一扉页可知，该书由樊一魁著、乔岗编、山西洪洞荣仪堂书局石印行印制，但扉页处书名为“忠义拳图合编”，与封面略有不同。

卷一先有辅文《武术弁言》《卷头序言》《引言》《拳经总论》，从中可知该书成于1936年；之后为《通背目次》，再后进入正文。卷二辅文仅有《通背势法目次》一篇，似与卷一同期成书。卷三又有《叙》两篇，其中洪洞县知事易懋煊所作序的落款时间为民国十七年（1927年），樊一魁自序的落款时间为民国八年（1919年），不知何故。卷三《叙》后为《武训守正歌十首》《插图散打目次》，之后为正文，但有趣的是，书的后部又出现了《说明散打目次》，衔接散打相关的理论讲解。卷四仅《枪之目次》一篇辅文，不同的是，前三卷目次中标题层级均用“篇”字，而本卷则用“编”字，疑似将“篇”误写为“编”。

该书各卷的正文主体部分，体例结构基本一致，均为图示文注，每页大致讲解一个招式动作，绘有一幅动作演示图，配以少量文字。除此之外，卷一正文前部用较大篇幅的理论性文字进行讲解，卷三后部为文字讲解。

该书作者樊一魁是通背名家，从四卷的整体内容来看，该书所述内容均为通背拳、械的理法与技法，书名“忠义拳”，或可理解为作者的人生追求。

忠義孝合編

山西洪洞 梅選樊一魁著

子高喬 嵩編

山西洪洞榮儀堂書局石印行

梅選樊一魁近影

忠義拳圖通背合編第二卷

山西洪洞梅選樊一魁著

通背勢法目次

第二篇

第四排附拳經總論

三七　朝陽手
三八　便身防腿
三九　一条鞭
四〇　懸脚勢
四一　騎馬勢
四二　一霎步
四三　下海擒龍
四四　上山伏虎

四五 張飛擂鼓

四六 雁翅勢

四七 劈來脚

四八 八步連心

第五排

四九 雀地龍

五〇 朝天鐙勢

五一 鷄子解胸

五二 白鷺凉翅

五三 黑虎攔路

五四 胡僧托鉢

五五 燕子啣泥

五六 二龍吸珠

五七 賽過神槍

五八 邱捌手

五九 左扳右掌

六〇 鬼蹴脚

第六排

六一 霸王舉鼎　　六二 韓信埋伏

六三 左山勢　　六四 右山勢

六五 前衝後衝　　六六 觀音獻掌

六七 童子拜佛　　六八 翻身過海

六九 回回指路　　七〇 敬德跳澗

七一 單鞭救王　　七二 青龍舞爪

第七排

七三 餓馬提鈴　　七四 六封四避

七五 金剛搗碓

七七 秦王拔劍

七九 鍾馗伏劍

八一 反堂庄

八三 推山二掌

第八排

八五 左右紅拳跨馬

八七 回頭摟膝

八九 雙架樑

七六 下四平

七八 存孝打虎

八〇 佛鼎珠

八二 下壓勢

八四 羅漢降龍

八六 左右打袖

八八 三請客

九〇 單鳳朝陽

九一　金鷄晒膀

九三　左右搭肩

九五　鐵翻杆

第九排

九七　蒼龍擺尾

九九　回頭砲

一〇一　夜叉採海

一〇三　烈女捧盒

一〇五　回頭閃通背砲

九二　托天叉

九四　天王降妖

九六　子胥拖鞭

九八　仙人摘乳

一〇〇　仙人捧盤

一〇二　劉海捕蟾

一〇四　知法送書

一〇六　双龍抹馬

一〇七　智遠看瓜

一〇八　滿天星勢

第三十七圖

朝陽手

朝陽一手次撩陰
按頭掃脚另有門
從此若不按頭變
或上跨腿去盤根

第三十八圖

便身防腿

如彼猛來用脚踢
速速上步兩手移
一手上來一手下
托手跟脚彼難抵

第三十九圖

一條鞭打進不忙

一條鞭法最為優
敵在眼前進出頭
讓似妙法躲無及
獅子張口敵人憂

第四十圖

懸脚勢誘彼輕進

彼手打來我右

迎　擰身左

脚小腹行

倘若彼再二次攻

迎門一去打順風

第四十一圖

騎馬勢衝來敢當

騎馬姿勢難解開
走馬觀花彼有突
右拳從彼脇下擺
解開此圖有奇才

第四十二圖

一霎步徑裡就採

如人打來抹眉渡
敵忙無法防救護
低身此着從裡上
好似韓信用奇謀

第四十三圖

抹眉紅盖世無雙

下海擒龍

下海擒龍上虛空
側身順步人人通
扳捌最通難抵抗
一閃二進彼難封

第四十四圖

上山伏虎

上山伏虎從裡迎
左接右衝面門行
雖能避過當頭攻
謹防他人戲蛟龍

第四十五圖　野馬分鬃

張飛擂鼓

此名勇猛

將身立

勢與金雞大不宜

防踢不踢而有腿

防打不打將鼓擊

第四十六圖

雁翅勢穿庄一腿

雁翅一勢敗身扎
迎風接進去採斜
提手陰處只一下
抵防白雲落風花

第四十七圖

劈來脚

劈手姿式防足踢
入門爭撩不費力
躲子斬足双起腿
捕風掃地也能禦

第四十八圖

入步連心

如彼來手我捋接
上步提腿左右截
左拳連心去一攢
再去右拳順步跌

第四十九圖

雀地龍按下

此勢最弱雀地龍
按下浣拿到處通
鷂子翻身最易用
金剪倒跌快似風

長

第五十圖

朝天蹬立起

立勢朝天

有此法

左防當頭

右肘拿

倘若敵再進左攻

提足撩腿順步斜

第五十一圖

雞子解胸

如我因手彼手來
丟手現胸去身歪
勾手撩陰隨身帶
肩出勇力彼有灾

第五十二圖

白鸄凉翅

凉翅單扇快如風
按頭掃脚有奇能
全在左右身法動
巧手腋下有威名

第五十三圖　黑虎攔路

如人打來我勿忙
迎右接左進身傍
速手去把左步上
推開黑虎將敵傷

第五十四圖

胡僧托鉢

如彼右手將我迎
靠山一去將彼封
虎口在他項下用
托推莫離彼肩胸

第五十五圖

燕子啣泥

彼從上來下空虛
虛身下勢將彼提
倘彼二次來取我
速放靈貓人難敵

亥

第五十六圖　二龍吸珠

如彼捌來我手丢
壓翻兩手左右搜
上下二龍翻騰鬪
提掛攢打陰陽愁

第五十七圖

賽過神槍

神槍姿式下空虛
彼乘下虛脇腰擊
提腿一去人難躲
上來擊頷下抹魚

第五十八圖

丘捌手

如我扳去彼

用丟　來上

左邊貫耳求

我左一於向前推

丘捌一去敵人愁

第五十九圖

左扳右掌

彼用右來我左扳
右掌推去彼胸前
左拳在彼脇下攢
再上珍珠倒捲簾

第六十圖

鬼蹴脚捕前掃後

如人打來接手煞

捕前掃後裡外抓

連環二腿左右上

蹬裡藏身坐上馬

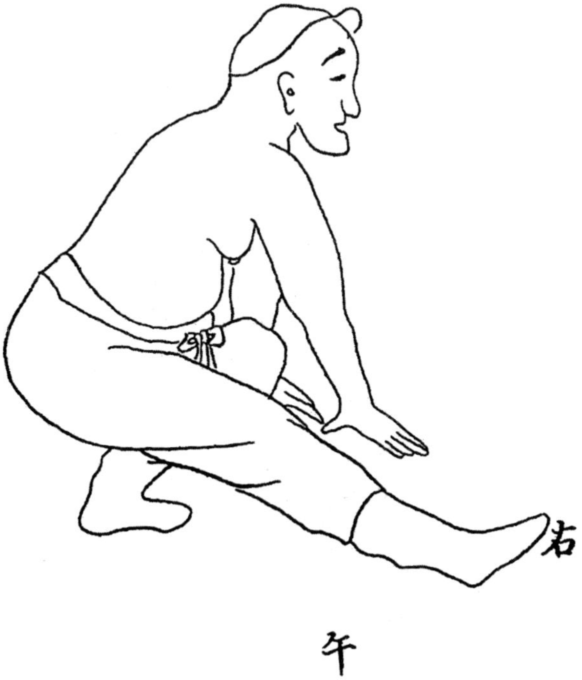

第六十一圖

霸王舉鼎

舉頂向上勢甚雄

右接左拿靠在胸　全在兩

手上下弄　往上一舉彼蹬空

寅

第六十二圖

韓信埋伏

任彼力大我不如
只得設法用奇謀
他若勇猛來擊我
一閃二打三根除

第六十三圖

左山勢

埋伏設謀不在川
或左或右同一般
臂打全在擰身變
六陰一砲永不還

第六十四圖

右山勢

如人打來用手劈
左上攢子腰中戲
左山與我同一體
撩擋六陰最為奇

第六十五圖

前衝後衝

前後衝法不接手
四方圍住無法走
劈迎攢打腦下過
衝鋒坐法四面遊

第六十六圖　觀音獻掌

如人身後拍
我肩　左手
按住右手翻
單手一起向後轉
黃龍轉身在後邊

未

第六十七圖　童子拜佛

我去上手彼用捌
二手若來拜佛接
脇下滾肘人難躲
再用搠掌双推跌

第六十八圖

翻身過海

如我行走彼後來
左手合住右脚排
脇下跺子速去帶
二次過海彼有突

第六十九圖　回回指路

此勢之法將手丟
左摟右指眼中求
二次再上火炎攢
跟步順打倒上樓

第七十圖

敬德跳澗

敬德跳澗彼來追倒打敵人脇下鎚彼若再來二次攻閃右打左截法為

第七十一圖

單鞭救主

單鞭救主御果園
左扳右上不費難
今再轉身手法閃
速快進瓜用劉全

第七十二圖

青龍舞爪

舞爪手法向下提
十人見之九人疑
上提下顧最切要
使起青龍人難禦

第七十三圖

餓馬提鈴

兩手撲面從裡來
外扶裏搡兩分開
滕身虛退向後掾
使起双推月兜歪

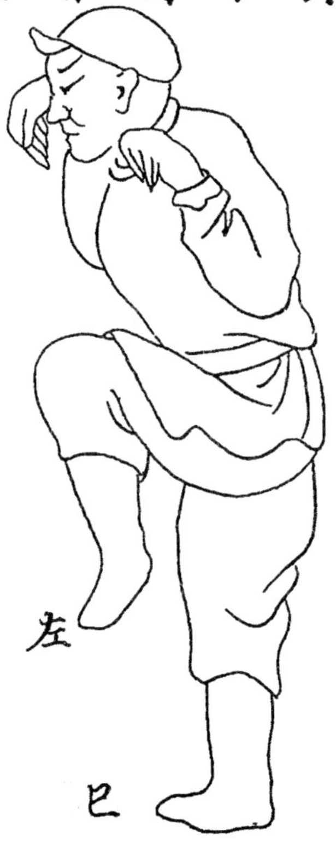

第七十四圖

六通四避

彼若右來用

六封　敵人

不識其中情

虛迎左上靠山用

四避之法横直行

巳

第七十五圖

金剛搗碓

如我打去

彼捉肘

即忙搗碓

彼抽手　攢子一去

面門過　推山撇海仙人求

丑

第七十六圖　下四平

四平姿式到處通
坐馬單捺一溜風
忽隱忽現難捉摸
精細熟練勤有功

第七十七圖

秦王拔劍

如彼忽從仰面來
右接彼腕左推開
捽身從後向前捽
拔出此劍敵不來

第七十八圖

存孝打虎

如彼用拳右攢來
左手接腕
右面排
橫拳攢去胸心敗
轉身一砲步順開

第七十九圖　鍾馗伏劍

如彼打來右手捋　右拳抹眉渡山河

右拳照定面門攢　好似探馬起風波

第八十圖　佛頂珠

右擋左搽手放高　全在用力手法妙　二次右手猛力上頂珠之法敵難逃

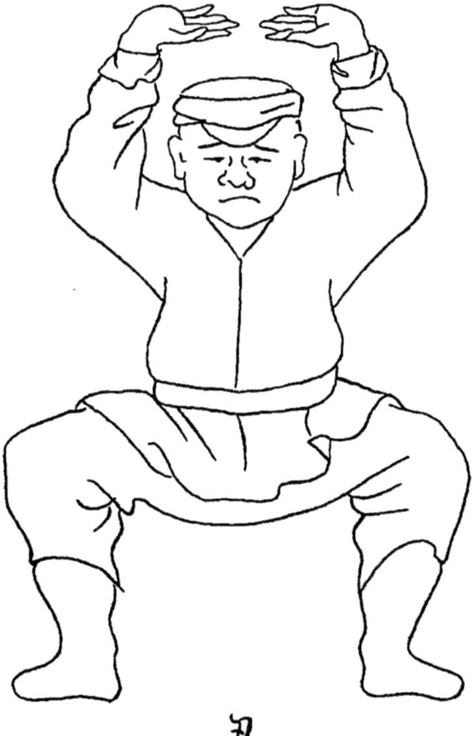

丑

第八十一圖

反堂庄望門攢

脚踢彼按上抹

眉　提上難防左

邊足　反堂庄

帶望門攢　雖然

手快也難抵

第八十二圖

下壓勢上一步

封避捉拿

一挒二壓三用提

四捺五搶六封避

上下若能同一起

捉拿何須用封避

第八十三圖

推山二掌

推去二掌用在胸
全在二掌連環行
外拎裡迊双截手
使去提手敵難封

第八十四圖

羅漢降龍

此勢佯敗敵後追

轉身横打腦後錘

彼若左手再來攻

向左一扯踩

跌遂

第八十五圖

右轉紅拳左跨馬

左轉紅拳右跨馬

紅拳姿式有

跨馬　右去

接手左去拿

翻身帶去跨馬腿

二次轉身用一法

第八十六圖

左搭袖右搭袖

左右二袖如穿梭
擺動身步兩相和
接手須要擰身過
巧取勾掌鳳凰奪

第八十七圖

回頭攄膝拗步插一掌

如我去拳彼脚踢

即快下勢去掃膝

拗步一掌脇下取

彼再掛手右拳舉

第八十八圖

轉身三請客

如人來手不在心
左迎右進步遂跟
彼若再來左手攻
如此三者不換根

第八十九圖

按手紅拳雙架梁

先按後摩右拳衝
抽梁換柸要下行
使去插花双架梁
坐馬双推左用功

第九十圖　單鳳朝陽

身後有人將我擊轉身我用紅拳戲單鳳一臂朝陽取　左接右捺下足踢

第九十一圖

回頭高四平金

鷄晒膀

四平式法在此虛
膀手扶雲盪手移
向若彼來左接手
卧放射虎也難禦

第九十二圖

托天义

此勢名為托天义
前護後擋防彼拿
前來接手防彼打
後來左拔須下义

第九十三圖

左搭眉右搭眉

左右搭眉實難批
上提下打內有虛
一合三擺三換步
珍珠搭簾只為稀

第九十四圖

天王降妖

天王降妖鬼怪驚　十人見了九人封拉手退步人難躲　懸脚一去彼難行

第九十五圖

上一步鉄翻杆

如人打來我左扳
上步順打鉄翻杆
彼再來時坐馬戰
急三錘帶串枝蓮

第九十六圖

下一步子胥拖鞭

我去上手彼左披
右拳照他面門穿
速變敗勢拖鞭打
料彼不敢再來纏

第九十七圖

蒼龍擺尾

合手蒼龍最為奇　左右擺尾數第一　一槍二膝三合手　推山一去彼着急

第九十八圖

雙拍手仙人摘乳

仙人摘乳名不差
双拍扒掌有妙法
右挪左接防陰下
再用令公抗碑法

第九十九圖

回頭砲拗鸞肘

如人打來我丢手回手一砲拗鸞肘　倒身躁子左右上　再去翻花彼遭殃

第一百圖　躲子二紅

仙人捧盤

彼若兩手撲面來
從身虛勢兩分開
照定胸頭双推去
右腿在前順步開

第一百零一圖

夜义探海

我去彼上下空虛
彼乘下虛必來擊
左扳右掌探海去
伏去右脚向彼踢

第一百零二圖

劉海捕蟾

如彼打來我虛身
速上枯樹去盤根
倒身伏用金交剪
蹬裡藏身在後跟

巳

第一百零三圖

烈女捧金盒

如人打來兩手掤

朔掌一去彼難封

照定胸頭去一推

迎面順步不留情

第一百零四圖
智法送書

一閃二虛三迎進
倘彼左來拎手訓
羣仙一去人難躲
順水推去脚登雲

第一百零五圖

回頭閃通背窩裡砲

依此手法最難求
丟肘虛打砲出頭
低身一閃左右變
不用騎馬也自由

第一百零六圖

掩手紅拳回頭五子
轉換鬓邊斜插兩枝
花急回雙龍抹馬
如人打来我手捌
左上腦後去遊穴
虛身一閃往下攻
抹馬單手將彼敵

酉

第一百零七圖

上一步智遠看瓜往前去獅子

抱綉球展手一脚踢煞回首

二換也不差

劈頭攢打人人有

一丢二按三扳手

先上左步將彼攻

再去看瓜在彼喉

第一百零八圖

只轉兩拳護膝當場按下

滿天星誰敢與吾比並

獅滚綉球將彼戲

使起騙馬敵人急

横江飛渡山河外

按下當頭天空虛

太极拳源流

提要

《太极拳源流》，一册，印本。封面“太极拳源流”五字为手写体，不知何人所题，其余部分均为印刷体。该书有版权页，注明主编者、发行者、印刷者、分发行所、分售处等信息，由此可知它是姜侠魂主编、国术统一月刊社发行期刊中的一期，出版时间为民国二十五年（1936 年）十月十五日。从版权页中还可以了解到，这样的书或称刊，“月出一册”“全年十册”。

该书先有《太极拳源流记目录序》一篇；之后，有谭梦贤口述、申子荣笔记再稿的《太极拳之概说》以及《太极拳教授程序表》；有武术专家的人物介绍和著作介绍，著作包括《国术源流考》《太极拳》《中国古佚剑法》；有书目推荐，如《太极拳练法的十二个基本原则》《戚继光拳经》《内家拳》《陈氏世传太极拳》《太极拳与内家拳》《形意六合拳撮要》等；有部分文章的精要刊载，如《拳法讲话》《步法概说》和楼问遗的《习心意六合拳之所得》；有全文刊载的三篇文章，即张松操的《我对于今日武术界的一点管见》、向恺然的《拳术传薪录》和卢炜昌的《谭腿精义》，从这三篇文章的作者和篇幅来看，当是本册的重点。上述内容之后是一则“市运会比赛须知”，为今人了解和研究民国时期的大众体育、体育竞赛提供了素材。

总体，该书内容庞杂，但又重点突出，体现的是刊而非书的特色。读之，可以对民国时期的武术尤其是太极拳、武术类期刊出版、大众体育和体育竞赛等多个方面有所了解。

太極拳源流

太極拳源流記目錄序

一卷 太極拳之由來 太極拳之衍變 太極拳譜之撰集

二卷 陳王庭傳 陳有本傳 陳仲甡傳 弟季甡 陳長興傳 陳清萍傳 陳鑫傳

三卷 楊福魁傳 楊鈺傳 弟鑑 孔繼堯王蘭亭全佑傳

四卷 武河清傳 李經綸傳 弟承綸 郝和傳 子月如 孫福全傳

序曰：太極拳叛自何人，殆不可考，傳者溯源于明初之張三峯，復有遠溯六朝之程靈洗，唐之許宣平李道子，皆附會不足信。述其信而有徵者，自王宗岳傳溫縣陳氏；至清咸同間，有陳長興者，楊露蟬從受其術；有陳清萍者，武禹襄從受其術；露蟬禹襄皆永年人也。露蟬子班侯健侯，孫少侯澄甫等，授拳于北京。露蟬高弟弟子有孔繼堯王蘭亭全佑。繼堯當清光緒時，授拳于大名府一帶。

蘭亭以太極之法，告武清李瑞東，——瑞東者，即河北盛稱之鼻子李也；其術行于天津保定一帶。全佑之子吳鑑泉弟子劉彩臣等，所授技于北京。故至今河北太極之傳，以楊氏爲盛。武氏自禹襄授其甥李亦畬，亦畬授郝爲眞，皆不出于永年。爲眞傳其子月如及完縣孫祿堂；祿堂在北京傳授頗廣，于是外間始稱道郝氏學。近數年間，澄甫鑑泉祿堂月如先生等，相率南下。南中太極之傳浸盛，究其所自出，不越于陳楊武三家，此其淵源之彰明較著者也。或問王宗岳傳陳之說何據乎？曰：李亦畬太極拳小序顯言之矣。吾又聞諸月如先生陳氏所傳者，本爲砲拳，非太極也。王宗岳偶過陳家溝，有所指授，陳氏始明太極拳法。震常問諸陳子明，則云無此事。然楊武兩家太極拳譜，皆載王宗岳太極拳論，使授拳之說爲虛，楊武曷爲取之耶！蓋此事陳氏故老猶知之，露蟬禹襄皆聞之，歷久漸湮，今陳氏子姓，亦不聞此說矣。陳氏拳勢與戚繼光紀效新書中拳經頗相合，（唐范生陳子明兩君已考明之）戚氏拳經多采太祖長拳，今考陳楊武三家之傳，謂太極一名長拳，一名十三勢，武氏釋長拳云：『如長江大海，滔滔不絕，』此則望文生義之說。蓋長拳即陳氏舊有拳術之名；十三勢者，乃崩、振、擠、按，採、挒、肘、靠，進、退、顧、盼、定也。王宗岳之傳陳氏也，蓋傳以理法，非傳以架勢。十三勢者，太極之理法也。陳氏長拳，既經王氏爲之改定，以宗岳之拳名太極，因襲用太極之名，此其迹象之可推知者；後人不明其故，則曰：太極又名長拳，又名十三勢，雖露蟬禹襄，亦有所不審矣。太極之可追溯者，至宗岳止矣。然拳師有一陋習，恐行輩之不尊，則諱所自來，依託名人，虛造授受以自炫燿。太極之名既近玄妙，在近日又流傳最廣，於是習其術者，乃多方附會，誕妄之言日出，學者受其黯闇，于嬗變分支之迹，鮮能得其實錄；況能識各派之短長，而辨其利病乎。余既博訪諸家，稽其舊傳之籍，撰次是編，以存信史，微獨昭其師承，猶覘于今昔之進退，各派之得失，因斯有考爾。

民國二十五年九月十九日徐震撰

關於太極拳的歷史，雖也有許多人考證過，然而除唐豪君曾有一部份發明，其餘不但沒有考證明白，反而愈弄愈糊塗了。最近徐哲東先生以其近著太極拳源流記四卷，及考信錄三卷相示，細讀一遍，發覺內容很多不易經見的材料；誠可謂字字有實證，語語有來歷。而先生觀察之細密，論斷的精確，尤爲不易企及。據我看來，太極拳歷史的問題，今後當可得一明確的結論了。先生告訴我：近人對於郝氏一派太極，諸多隔膜，擬將郝氏珍藏永年李亦畬先生手寫太極拳譜影印問世，而以太極拳考信錄冠於卷首，日內已在和郝少如先生接洽，不久的將來，當能實現。至太極拳源流記，則因擬與其他有關太極拳的著述同時印行，一時恐難出版；所以現在把它的目錄及序言篇先事刊布於本書，爲讀者計，徐先生看了，當不至怪我孟浪從事罷！又序文與國技論略所敍頗有不同處，此係學術界之常例，當以後出之說爲準。

武進卞人杰附記：

拳術之有考證，自徐哲東先生外，惟有老友唐范生君而已。徐唐神交有素，數數稱道徐君爲海內不可多得忠實雋秀之武術同志也。唐君月前，嘗謂編者談及，擬搜集各種太極拳本，銓訂其異同，勘審其僞訛；編纂成書，公諸同好。太極拳源流記之成，唐君知之，必加額稱慶太極拳中有此正悞考僞之作耳。編者已函速卞君，願謀諸付刊，苟獲所志，爲本社之榮，亦讀者之幸焉。

姜俠魂附誌：

太極拳之概說

譚先生夢賢口述　申子榮筆記再稿

魯省之太極拳，自李芳宸先生倡導之後，各地風行，以其動作柔和，故尤爲女界歡迎，然其學說分門別派，殊多亂雜。今有太極專家，値魯省第三屆國術省考任大會評判委員之譚參議夢賢先生，乘大會之便，抽暇語記者，爰誌於左：

傳統　太極拳自張眞人三丰先生傳來爲兩派，南派傳海鹽之張松溪，北派傳陝西之王宗岳，由王宗岳傳河南溫縣東門外陳家溝陳長興，即今日所稱之陳氏太極，更傳至直隸（即今之河北）廣平府楊露蟬，傳其子班侯建侯，傳其孫少侯澄甫，即今所稱之楊家太極，並傳徒萬春凌山全佑三人。

學說　太極拳之學說，有十三式，行功心解，太極拳論，太極拳譜，打手歌等書。

練法　初學者應柔，內練精、氣、神，爲內三合。外練筋、骨、皮，爲外三合。依使筋肉抒展，精神團結，內力外發，即可應用。練法可簡分五步，即姿式、方位、呼吸、眼神、用意，若能得心應手，自可傳神矣。但姿式有快慢高低之分，方位尤須注意，再將眼神融合為一，意思自可練出。

用法　對於用法，可大致分爲兩種：（一）發勁：術語謂之出手。有打人之把握，與敵人之皮接觸，然後發勁，由足而腿，而胯，而腰，而脊，而肩，而肘，而腕，而掌而指，以加諸敵人。（二）化勁：關於化勁，則更爲神妙，制化敵人之勁，使之落空，敵勁既爲烏有，我可隨意打敵人，所謂柔能克剛者，是也。此種化勁，不易學習，非身練之靈巧，不能致此。

注意　太極拳易學難精，運動緩和，不若其他拳術運動之劇烈，故無害於身體。不過初學者，未受名師之指導，恐盤架子時，內部發生障礙，學者宜注意及之。

今將盤架子宜注意之程序如左：

（一）盤架子時，應注意之障礙　初學之人，有兩點所應特別注意者：即身體內部障礙，與身體外部障礙。內部障礙，係由內部所發生之病態，輕則關節腫痛，神經返常，重則兩目失明，肛門腫爛，大小便出血等症。外部障礙，即養成性情粗暴，負氣好鬬之不良脾氣。至內部障礙之所以發生，乃由教師之教導不良，而外部障礙，乃由自己所造成之變態，欲防止此兩種障礙之發生，一在教師之善於教導，循序漸進，以緩慢自然爲主，不可以求急進。一在自己欲注意於修身養性，務使心氣和平而化除暴戾之性情而已。

（二）盤架子時，應注意之方法　盤架子之大要：一曰姿勢，二曰動作，三曰用意，四曰用勁，而姿勢又分步法手法身法。所謂足踏川字手打八方，腰如車輪尾閭中正，頂頭如懸，實腹虛心，均為確定姿勢之要點。『動作』以柔和為主，須慢而勻，惟其慢始能柔，惟其勻，始能和。且各種動作，俱成圓形，而一圓之中，虛實變化生焉，其無窮之奧妙，即在此虛實變化之中，學之有恆，不惟足以舒展筋骨，並能調和血氣，實一修養心身之良法也。『用意』即純任自然，不尚用力用氣。用力則笨，用氣則滯，是以沉氣鬆力為要。氣沉，則呼吸調和，力鬆，則發展先天之力，排除後天之力。蓋先天之力，乃固有之力，後天之力，為勉強之力。前者其勢順，後者其勢逆。太極拳主逆來順受，以順制逆者，故不須用過分之力。惟其不用過分之力與氣，所以能使其力蓄於內，不流露於外，氣沉於丹田，不沉滯於胸膈，且習之既久，則積蓄之氣力愈大，至必要時，乃能運用自如，毫無困難與勉強。是故太極拳練習，全在意志，而不在力與氣也。發動有剛、柔之別，何為剛勁？即無論勁之大小，含有抵抗性，而一往無前者，謂之剛勁。何為柔勁？即隨敵勁以為伸縮，而不加抵抗者，謂之柔勁。綜其要，發勁須沉着鬆淨，專注一方，運勁如百練剛，無堅不摧。所謂蓄勁如開弓；發勁如放箭；捧動四兩撥千斤者也。

太極拳教授程序表

區分/週次	年月日	基本應用姿勢	細目	補助姿勢
第一週	自民國廿三年十二月廿四日起至二十九日止	太極拳術基本姿勢	太極起式 按雀尾 單鞭 提手 白鶴掠翅 摟膝琵琶式	頭上補助運動法
第二週	自卅一日起至民國廿四年一月一日止一二三日休假	太極拳術基本姿勢	摟膝搬攔捶 如封似閉 十字手 抱虎歸山 按雀尾 單鞭 肘底看峯	拳上補助運動法
第三週	自一月七日起至十二日止	太極拳術基本姿勢	倒攆猴 斜飛式 提手 白鶴掠翅 摟膝 海底針	指上補助運動法

第四週	自十四日起至十九日止	太極拳術 基本姿勢	扇通背式 撇身捶 上步搬攔捶 按雀尾 單鞭雲手	掌上補助運動法
第五週	自廿一日起至廿六日止	太極拳術 基本姿勢	高探馬 左右分足 轉身蹬足 摟膝栽捶	腕上補助運動法
第六週	自廿八日起至二月二日止	太極拳術 基本姿勢	轉身撇身捶 搬攔捶 右蹬足 左右打虎蹬足 雙鋒貫耳	肘上補助運動法
第七週	自二月四日起至九日止	太極拳術 基本姿勢	左蹬足式 轉身蹬足 搬攔捶 如封似閉 十字手 式抱虎歸山 按雀尾 斜單鞭	肩上補助運動法
第八週	自十一日起至十六日止	太極拳術 基本姿勢	野馬分鬃 按雀尾 單鞭 玉女穿梭 按雀尾	腰上補助運動法

第九週	自十八日起 至廿三日止	太極拳術 基本姿勢	單鞭 雲手 下勢 金鷄 獨立左右	膝上補助運動法
第十週	自廿五日起 至三月二日 止	太極拳術 基本姿勢	倒攆猴斜飛式提手白鶴 掠翅摟膝扇通背白蛇吐 信搬攔捶按雀尾單雲手 單鞭高探馬迎面掌右 蹬足上步指擋捶按雀尾	跨上補助運動法
第十一週	自三月四日 起至九日止	太極拳術 定步推手	單鞭式上步七星退步 跨虎轉身雙擺連彎弓 射虎搬攔捶如封似閉 合太極	足上補助運動法
第十二週	自十一日起 至十六日止	太極拳術 定步推手	掤 握 擠 按 四正推手法	太極拳各種姿勢 應用法
第十三週	自十八日起 至廿三日止	太極拳術 合步推手	掤 握 擠 按 四正推手法	太極拳各種姿勢 應用法

第十四週	自廿五日起至三十日止	太極拳術 大捋	採挒肘靠 四隅推手法	太極拳各種姿勢應用法

附記

1、每週練習拳術時間及課目表另定之。
2、練習人員班次表另定之。
3、每週末次時間講述各家拳術學理一次。
4、器械練習時間表另定之。

本社介紹爲國爭光之武術專家王子平君

王君子平，籍隸河北滄縣。幼習武術，歷訪名師，得眞傳，藝甚特而且精，然不自炫，恆恂恂若無能。惟值外國力士來華，但涉誇耀，必敗之以雪國恥。如民國五年之在濟南，敗日本青年團佐藤氏。七年之在北平中央公園，敗俄大力士康泰爾氏。九年之在青島，敗日人宮本氏，金水氏，及德人克治瑪氏。十二年在滬萬國競武場，敗俄人喬治氏，英人彼得氏，及美人丁格爾氏。王君身歷大敵，曾未稍挫，以損國威，用是蜚聲國際間。自海通以來，以國術爭國光如王君者，蓋不數數觀焉。

本社介紹武術專家各種著作

國術源流考

經吳稚暉先生特序，內容一至三章爲黃帝至周秦漢魏至隋唐宋元至明清時，有關拳術之考證。四爲國術之分派。五爲器械。搜羅宏富，文筆古雅，爲武術重要之史料。定價二角半。正中書局發行。

太極拳

吳圖南先生著

是書將太極拳之學理，支派，姿勢，應用推手等，備述無遺。並作圖立說，詳論太極拳之合於力學及生理衛生。定價八角，商務印書館發行。

中國古佚劍法

唐豪先生武藝叢書

中國雙手劍法，明以前即已失傳，茅元儀得其圖勢於朝鮮，收入武備志八十六卷。經唐豪君考訂，日本劍道與相類甚多，故極富參考價值。余以漢以前之劍，迎明代相傳之劍法劍訣彙爲一册，定價二角。

王五公太極連環刀法

唐豪先生武藝叢書

五公之父，以起義抗清遇害。其長兄自投獄以與父同殉，其次兄手刃告密之仇家三十餘口。以亡命隱淇縣以終。五公潛行革命，以所志未遂，賫恨以歿。梁任公稱其所著兵書爲革命軍教科書，觀雍正禁漢人習拳棒之諭，則其刀法，乃革命軍教科書之一分科也。

定價二角

步，仍成右倒弓步。此步法常用於趨避躲閃，練好一步能越一丈餘遠，小說上所謂一箇箭步能去若干遠者，即此倒箭步。

（二）過步　先成馬步，向右過則以左足跨過右足一步，再上右步，仍成馬襠，向左法同。

此外步法雖多，皆從此數種化出，因非重要，故不贅述。

樁法與步法最大不同之點，樁法是靜的，步法是動的。樁法的目的在求步武之穩固，而步法則求進退趨避之能敏捷。是以無樁功則步下無根，無步功則進退失措，普通習拳者常認爲拳法已含有步法，用不着另外分開去練習。不知打法全以步法爲根，步下不受嚴格訓練，致進退牽强，即永遠難入深妙之境。而拳法因勢變式，甚少定式，對於步法並無切實練習之機會，故欲求深造者，單獨的練習步法，是省不去的一箇階段。

步法一變即爲腿法。拳諺謂：『手似兩扇門，全憑腳打人。』又謂：『手打三分腳打七，先打顧法後打人。』於此，可見腿法在拳術中之重要。初學儘有不操手法者，不練腿法者則絕無僅有。腿法以用出爲法，久練爲功，其形式甚多，大抵因用出而不同，隨派別而互異。北拳如二郎、查拳，多有操潭腿以爲根者。茲述普通常見之腿法數種如下：而此數種雖稱腿法，踢出之形式，實已具備，初學作爲基礎練習已儘夠了。

（一）跕腿　此爲最普通之腿法。所用直出爲跕，無論何派拳術均有之。其法：勁坐後腿，提一足用彈勁向前直踢，一如彈射之意。此式略矮，卽潭腿中之寸腿，勁在趾尖，上向踢出，卽撩陰腿。

（二）細腿　先成矮馬落地式，勁全坐後腿，用前腳裏向細擀之。如此連環換式踢之，卽成連環腿。加後撐腿，卽是鋪地錦。此式爲用至廣，但實用須加椿功。又有兩人連踢式，最長攦勁，尤能練出稱勁。

（三）排腿　排腿以橫出爲排，前出爲跰。前出略帶挫勁，故通常大都橫用。練法，勁坐右腿，起左腿向橫裏打出，趾踵前後向，身稍傾側。換式法同。

上爲定式之腿法，尚有旋風腿，拐子腳等，此爲飛起之腿法，其式非言語所能形容，因不具論。踢腿通常應注意之點：㈠忌拙勁拙力。㈡忌身腰擺動。㈢忌後腳不穩。

前面已經說過，步法爲拳術之基礎，未有不懂步法而能深造者。但現在一般習拳者多不注意於此，大抵多畏其枯寂難練，而貪捷徑取巧之法，致虛耗時日，徒勞無功。因述此篇，使初學知步法之要，而得致力之方。唯筆者見寡識淺，遺誤知所不免，幸專家有以教正之！二三，九，十三。

自欺欺人的祕密傳授，祇須根據力學以正其發勁之法，及增加動作發出後之效力，根據生理學，以不違背生理而發育身心，久久練習，則自然有人不可當之鋒鋩，健强之體格。願練習武術之諸同志，三復思之，切勿將有用之金錢，寶貴之光陰，擲諸無用之地也。」

結論：總之武術未有不練而能成功，或練之無生理常識而能不致病者。余雖練武術未久，不足以談武術。然覺所寫之數事，爲初練習武術者所應知而應切實履行者。故書於此，以與初學習武術者之參考也。民國二十四年五月于長沙湖南大學

我對於今日武術界的一點管見

張松操

近來國內的各界人士對於國術，是比較注意的了，固然是熱心者的提倡。可是這也是一種自然的趨勢，是時代的產物。在今日破產的中國，那一種外來的體育不客氣的說是採用不起的，那裏有那麽多的錢去買那一套器具呢？固然外來體育的好處我們不能一概抹殺；但是我們隨着經濟的變化因之我們的生活方式亦不能不隨之而有所變化的，這真是我們國術的適用時代了。不用錢隨時分出一點時間就可以最有意思而最合於科學的動作去運動，縱然買一根棍

子也不用九毛錢的在外患日亟人民衰弱的中國，在這破產裏邊而還要積極的來振作，來鍛鍊人民的體魄，那麼這國術是最適當不過了。我想這是大家都感覺到的，而國術的所以如雨後春筍似的發展也未嘗不是這箇原因，我是箇志在國術的，所以也不度德不量力的發表一點關於國術界應當注意的意見能！

普遍化——我們的國術是要來力求普遍的，這是大家都感覺到的，因爲自來中國的國術家都是各操一式，而相居奇以競爭以自高的，所以都是不肯輕易傳授給人，致使許多的奇技妙術不能傳到現在而無師的失傳了。實在未免可惜！近來還能表現出來的就是仍有些國術家他們的派別觀念很深，密傳仍是要自守，而不肯輕易的去作一種光明的普及工作，這並不是一種好現象，在表面上似乎是箇人自尊心的表現，其實因了這種自私的行爲，反足以埋沒了自我的才能和人品呢！同時也是一種危險的行爲，對於國術的發展是一箇大大的阻礙。我們的國家也因之要受很大的影響，試看我們的國術所以失勢的原因不是這一種毒害所致嗎？

國術的在過去的漸漸衰弱，是我們最痛心不過的一件事，也就是國術界的奇恥，大辱，細細的想一想，我們有志於國術諸君作何感想？

現在正是我們的國術的新生時期，也就是我們民族和國家的最有希望的開始時候，我們如果一致的努力而去求普遍運動這一種未來的民族勢力眞是不可限量的。

普遍這箇工作，我以爲在這箇不可錯過的當兒，不祇是專家的努力就算了事，大凡我們愛好國術的智識分子，都應該來負起這箇責任，一致的往前進行才可以達到普及的目的。不過希望諸位專家要竭力的開誠布公的盡量的傳授，不只是部分的少數人的傳授，而是要隨時隨地的向民衆輸入才好。尤其是我們各地的熱心於國術者更有接近民衆的機會，所以要抽空的去向各處作熱心的宣傳，並且盡義務的指導，此外對於自己家中的人先使他們能認識國術的好處而使他們有點國術的常識以作我們普及的開端，也就是普及的第一步基礎。

還有在我們普及國術工作中不可少的，就是：第一要辦通俗的國術刊物，使箇箇人都能看懂，而且都能以小價錢買得到爲原則，這是近乎宣傳的，第二就是在各處多開一些比賽會或觀摩會等，以作實地的榜樣，而鼓勵大衆的興味，如此一來箇箇人縱然就是小孩子，他們的腦筋中對於國術印象既然深了，那一種愛好心，也是不可遏止的而向上了。努力罷！

實用化——我們對於國術的提倡應當以實用爲宗旨，以奇爲勝是有幾方面的劣點：第一就是有些人以爲自己的某種技術爲制勝他人而抬高箇人身價的工具，所以始終不肯再傳授他人的，如此一來不只是不能普及而反要把很好的技術失傳了。這是多麼可惜！若一以實用爲本則那一種自私的心理久之就可打破，因之整箇的國術界才能合作起來各取所長，然後把這作爲起點的實用化的計畫中，更可充實起來，作爲一種一體的合一的技術。第二因爲我們現在開始的工作是要求普及。那麼按一般人的心理說來。他們不論學習什麼東西，先要問有什麼用處的，並且這種用處還要讓他們一看可以明白，而且短時期中可以學到，這麼一來他們才對於這一種東西感到興趣，才有自動的學習的意志，要不然時，他們既然莫明其妙，雖五光十色，也不過能引起他們的五分鐘的熱度罷了。第三我們既要求普遍。當然要以最簡單的姿勢下手，才能使箇箇人都得到一點基本的技術，因爲姿勢既簡單，那麼用法也很明晰，利用也很便當的，故收效也比較快一些。此外如器械方面，更應當求其簡單，而且是要用最能通用而人人能得到的爲宜，如棍就是一箇很好的例子。誰也能夠預備一條，而且是常常適用的。自衞方面也是不可少的東西，再一方面就是練習也比較容易一點，所以力求實用化，是提倡國術的最扼要最有效的第一步工作。（待續）

科學化——我們中國的無論什麼學術並不亞於外人，試看火藥，羅盤針，和那三國時候的木牛流馬之類的發明，不是很大的科學的知識嗎？不過我們的短處就是沒有加以詳細的記載，和系統的整理而已，所以後來就漸漸的落後了。至於國術一項也不知有多少的精華失傳，雖說由於分派的緣故，但是不加以改進和整理也是原因之一種。現在的我們不可再讓它—國術衰落下去了。我們要迎頭趕上去作臨崖勒馬的工作哩！第一步我們是要以科學的方法來搜集而有系統的整理國術。把各家的法術排列起來，取其所長，去其所短，以精細的合於生理衛生的原則，來作取捨的標準而整理成統一的最完善的國術材料、第二步就應當把所取的國術中的技術及姿勢等，加以詳細的記述。尤其對於生理方面非有整箇的學理的說明不可。這麼一來一方面可實地的去練習，同時還可以學理的指導，既能增加一般人的興味又可免去不合於生理的盲動和患害，這是何等值得注意的事？還要附帶的說：就是記述和解釋的時候務必要以淺鮮的文字為主，此外如能以文學的天才加上一些藝術的成分，那麼更能使一般人趨之着狂了。

道德化——所謂道德是指在國術上的道德而言。也就是所謂武德的意思，國術上的道德是應該講究的，要知道我們的練國術目的是要積極的來鍛鍊國民的體魄，並不是是目的就在格鬬，尤其自相殘殺更不是我們的本旨了。縱然就是偶而借以自衛也是在單人獨馬和沒有鎗砲子彈的條件下的急時的應付而已。決不是在兩軍陣前唯一的武器不過也不能說沒用。總而言之，是一時的利用不能視為全能的，惟有關於強健身體方面那是誰也不能否認，也就是我們的首要的目的。所以我們不可專注於格鬬，尤其是對內的格鬬。至於對外那當然是不可退縮的苟合於正義的時候而且能利用的時候，那是不可放過，換言之，我們要絕對的認淸事實，要絕對的尊重武德，因為平素學習國術，假若要不重武德，則互相研究的作用，彼此之間就疏遠起來了。譬如：一見面就要不客氣的自誇而顯露自己的高能，如此兩方非獨不能研究，甚至於可因之而忌妒起來，尤其是在舉行一些比賽或觀摩會的時候，彼此只要絕對的遵從武德那才不至於有意外的發生，以致有傷國術的眞意義和眞精神。這事雖說平常誰也知道，但是我們不可不早些加以注意，作為養成國術上良好習慣的基礎。

團結化——西洋體育的長處就是能團結，因為那一種運動是結合起來舉行的，不是一箇人可以發生相當的興味。至於國術却不然了。國術向來是以靜為主，因以一靜則練者的精神可全身貫一，因之其中莫大的趣味也能自己體驗到，但是這是我們的專處同時也就成了缺點之一了。倘然器械方面可以單人去練也是原因之一，但是仔細設想不如設法團結起來比較好些國術所以分派森嚴的原因也未嘗不是這箇緣故我們團結起來一方面能養成民族團結的精神而打破散沙一盤的惡習，使我們的民族能永遠的堅固起來再一方面能收集思廣益的效果，彼此既然時時以團結的精神去合作那麼互相勉勵互相研究當然能辦到的，況且不論什麼事只要大衆一鼓的未推進，則那種力量比箇人可以說是大極了。如此一來我們的國術界總有增光的一日，而且是在最近的將來的。

以上幾點是我一點小小的意見。我以爲在這力求國術統一與發展的開始，首先應從這幾點着手，因爲這是基本的應當注意之點，從大體看起來這是人人都知到的而不用多說，但是最細微而明顯的最容易被人忽略過去，這是我們不可不特別注意的一點。好在鄙人也是嗜好國術的青年中間的一分子，故不惴冒昧的來願意同各界研究關於國術的發展上的一切問題和方法。如蒙各界同志共同討論和研究那是感謝極了。

此外希望各界加以不客氣的指導和批評！就此祝國術界永遠的光明！國術一日千里的向着統一的路上去走！我們要去爲民族結國術界的善果。先要盡力來培養國術的鮮花！

習心意六合拳之所得

樓問遺

六合八法之能強身已學者人所皆知，至於運用之實驗，則就師所傳，而揣磨所得者，略爲述之。六合八法之妙用，實無止境，僕所論者，僅能對於初學諸同志共同硏究耳。初學時，力戒急進，日習一手或二手足矣。蓋多學恐不能得其正確之姿勢，而易用拙力，則心意妙用失矣。須知此拳，乃用意不用力，故練習須從緩字着手，緩進則無浮燥之病，火候純淸，而浩然正氣，自然沉於丹田。不用拙力，全體處無自在，靜中氣平，始終一貫，毫不疏懈，上下左右，相連如雲龍飛行，隱現無定，無論練習勢子，或演手運用之時，須有剛柔虛實，故輕靈變化，隨機而至，而精神自然統一，積久自然而得。勢勢須有意味，處處須圓潤無積，如魚在水中，任意往還，養成極圓活而後極神速，正如常山蛇陣，擊首則尾應，擊尾則首應，擊其身而首尾相應，此謂上下周全，人不得而窺者，謂之神矣！習此拳，在心意中去求，靜中自得也。　編者按：吾國武術種類甚多，各具特點。自精武首創武術復興運動，迄今行將三十年，北拳南來，初有潭腿十二路，爲精武基本教材外，次爲太極拳，一剛一柔，信仰最著。近年吳一非君，於青年會所授之六合八法拳，亦頗受學者悅服也。殆將爲拳術中之三妙歟。

拳術傳薪錄

平江向愷然著述　古董姜俠魂校訂

吾年十七渡日本，與吾師王志羣先生居密邇，湘人湯松何陶等慕吾師拳技，約壯健而熱心研鍊者七八輩，賃屋於市外大久保，每於星期三六及星期日，抨擊其中。吾師苦道遠，車行岑寂，每强吾與偕。其時吾不喜技，且體魄荏弱，殊無研習之意，然目染漸久，依樣葫蘆，亦頗能模仿其手足之來去。吾師欣然曰：若輩意志雖强，而體魄苦限於天賦，皆不及汝敏捷也。曷從事焉？少年喜譽，聞師言意少動，課餘輒於室後小院中騰躍少許時，一月後，漸生研鍊之興味，遂於早夜專習之。又三月，興味更濃，行旅坐臥，皆不忘研鍊矣。而湯松何陶輩，早已輟鍊，師乃得以技一一授吾。茲篇所記，悉出吾師口授，惜當時未嘗筆記，迄今追憶，已遺忘十之三四，然即此已足爲研鍊拳技者之借鏡。第隨憶隨錄，因難次序，幸閱者諒焉

王師曰：習技者每喜戲較，此是習技家大毛病，久而久之，出手必不老辣，臨敵祇在抵隙，敵雖有隙可乘，而出手太嫩，不能創之，則敵已抵吾隙矣。故曰『一硬不破，一快不破；硬在快先』即合

出手須老辣之意。

對打非戲較也，習技不可不習對打。對打首在鍊眼，眼不經鍊，非特看敵人勁路不明，臨陣失敗，全壞在眼上。手足不對鍊，弊祇在進退無標準，出手無把握，果能獨鍊功深，此弊自然無有，惟眼則非單純的獨鍊所能竟功。

對打時眼光易準，因有一定之手法，如何攻？如何守？不能移易。臨敵與對打之手法，完全不同。對打有接手，且出手多留頓不收，臨敵則接手留手，俱為敗着，故對打之意，專在鍊眼，手足不過能借此引活勁路而已。

現今練拳術者，絕少眞功夫，即享大名之老拳師，計其平生苦鍊不間斷之時期，至多不過三年，動以數十年功夫眩於人者，欺人之談也。果能苦鍊三年五載，在拳術範圍中，無藝不臻絕頂。

練拳尚工勁，搬石掇擔（名仙人擔，以二石餅，貫竹兩端）能增加氣力，非勁也。力愈大，勁愈少，去拳術功夫愈遠。

空氣之抵抗力無窮，故工勁以空氣為練具。

練勁須知一催字，上部以肩催肘，以肘催手。下部以腿催膝，以膝催足。知此即知手足之勁路。

世人言拳術派別，動謂南拳北腿，一若南人皆不善用腿者。此殊不然。南拳中用腿者極多，惟用明尖者少，踢腿過頭額者爲明尖，用暗剷，踩子脚，連環拐，鴛鴦拐者多。北人雖善用明尖，然與善南拳者角，每以明尖失敗。蓋明尖之難用，幾成爲拳術中之敗手，凡能以明尖制勝者，即不用明尖，亦能取勝人，而至爲人明尖所中，則其眼光身手，必並逃躲而不之知者。明尖之用，便於羣鬬，因羣鬬必多笨漢，若一一揮拳擊之，則其跌不遠，其創不深，退而復集，必爲所窘。腿之勁，較拳必倍，笨漢既不知躲閃，而羣鬬尤妨礙其騰挪，故擊無不中，中無不創深跌遠，無復戰鬬之力，其未受擊者見之，亦必股栗而退。

手足吞吐之勁必同等。例如以五十磅之勁打出，亦以五十磅之勁收回，吞吐勁不相等，病在遲緩，故敵人得接其手而還擊之。

快由於有勁，無勁必不能快，吞吐之勁相等，則無留頓不收之弊，敵非但不能接，且有時受傷，尚不知手之來路，故對打有接手，臨敵萬不可接人手也。

臨敵全恃兩眼，兩眼惟注敵人之肩，不可他瞬，敵左肩向後動，必出右手；右肩動，必出左手；用腿時，肩必下沈，或後仰；此爲不可移易之表示。惟箇人練習時，兩目須注視自己出手之的，疾徐高下隨之，手眼不合，是大毛病。

練拳式（卽整躺之拳）與折鍊散手不同。拳式中之手法，不必手手能致用，故鍊時，心中毋庸假想一敵，折鍊散手，則非有假想敵不可。

鍊拳式之目的有四：一在調勻氣分；二在活動身手；三在習慣持久；四在發舒筋肉而致用不與焉。

致用非折鍊散手不可。折鍊之散手，雖從拳式中化出，然不折鍊，則終年打拳，亦不過於熟中生巧，心領神會其一二手之運用而已，決不能得全式中之變化也。

拳式中掌則明示其爲掌，拳則明示其爲拳，及攻守之部位，皆表露於外，無一手不能一望而知其來去者，必非高妙之拳式。

我輩生當武器發達至極點之今日，練拳決無專練一部分之理，前人多有鐵頭鐵臂鐵腿之稱，皆是專練一部份者，違反生理，不足爲訓，卽其成功，亦甚容易。金鐘罩鐵布衫諸藝，雖不專練一部份，然其閉塞周身毛孔，改換腸胃，使四肢百骸，成爲機械的作用，尤有妨害生理，且與拳術無涉也。

湖南辰永郴桂各州，皆崇尚氣工，（俗稱蔽桶子，湘人俗呼身體爲桶子）其成功亦與金鐘罩鐵布衫相等，同一無關於拳術也。但能受人擊，而不能擊人，則亦何取於拳術哉？

拳術有五合：無論南北派，陰陽勁，內外家，胥不出此範圍。五合是由心與眼合；眼與手合；肩與腰合；肘與膝合；手與足合；手進足不進，不可也；足進手不進，亦不可也。其弊在嫩肘膝不對，則勁路反戾，肩腰不合，則勁不過三，（肩肘手爲三關，勁由肩條達於手，必過三關，始能及於敵人之身。）不過三，則手雖及敵，不能創之。拳術家有送肩之說，卽肩腰相合，以腰送肩，以肩送手也。五合有謂心與意合；眼與心合；手與眼合；肩與腰合；腰與腿合者；大旨略同。惟强分心意，殊屬無謂，而不言肘膝，亦是缺點。

拳術中亦有氣工，但非蔽桶子之氣工， 桶子之氣工，亦名蝦蟆工，亦名蝦蟆勁。拳術中之氣工，專在調勻氣分，有噓唏咳三種，微類道家之吐納，及日人北里博士川合春充等之呼吸，與拳術有密切之關係者也。

鍊拳不鍊工，勁終身無大成之望，工勁之種類甚多，惟閉氣不呼吸者，萬不可用。

人身之關鍵，上部在齒，下部在穀道，故上部用勁，非牙關緊閉不可；下部用勁，非穀道緊閉不可；兩關不緊，則百骸鬆懈，體魄強健，性質堅毅之人，行走坐臥，齒牙無不湊合，怠惰者，則隨時隨地，張口若待哺然。

對打最好與所從學之師行之，進步較與同學者倍蓰。但對打之手，亦非臨敵之手，其效用已於前言之矣。

赤手與持刀之人角，多用腿飛踅敵腕，使其刀脫手飛去，此法極險而極笨，萬不可嘗試。苟能自信飛腿踅之確有把握，則非敵爲無能之輩，必己之藝已臻絕頂，然彼己之藝旣相去懸遠，則亦安用踢去其刀，而後能勝之哉？

不善用械者，不如徒手，不拘何種手法，皆足破之，卽技藝同等，赤手與持械者角，亦不必持械者佔優勢，但視雙方之進退便捷如何耳。世無以械擋械之手法，故赤手與持械之分別，則在長短之間，所謂拳打開，棍打攏，卽是截長補短之意。

己藝無把握者，見敵持白光射目之利刃，已自胆怯，又見其閃閃連劈而進，心益慌亂，不知所措，勝負之數，乃不待交綏矣。

藝高人胆大，胆生於藝，固爲不易之言，然養氣亦爲拳術家要着，氣盛可抵五成藝。

能養氣，自沉着，其人藝即絕佳，苟其氣不盛，置之萬人集視之場，或王侯莊嚴之地，令其奏演平生技藝，必手慌足亂，非復平昔從容之態。故秦人武陽，平日睚眦殺人，非不有藝，非不有膽，而一至秦廷，睹宮殿之嵯峨，朝儀之嚴整，即戰栗變色，不能自支。

理直者氣壯，故鴻門之宴，噲能噍羽，羽自慚理屈也。當羽之氣，不盛於噲哉？

拳術家臨敵，有發聲大喝者，亦以氣懾人之意，與鍊習時聲喝不同。鍊時之喝有兩用，一舒肺氣；一送勁過三；然祗陽勁拳中有之，陰勁拳不取此法，陰勁拳與人角及鍊習，皆絕無聲息，故輕妙可喜也。

陽勁喜響脚，陰勁喜猴胸，皆有妨生理。但亦多係鍊者過火，一若非此不足表示其派別，而引人注意者。表示愈甚，弊害愈多，故治陰勁者，十九傴僂消瘦，形若病夫，其肺氣不舒，四肢卷曲故也。治陽勁者，則多患腦病，思想記憶力，漸生障礙，因響脚震傷腦海也。

陰勁猴胸之用，在不以胸當敵，而臨陣時，每利用猴胸，以創敵劈胸打來之掌腕。且陰勁手法，多走小門，猴胸則轉折較便，避敵較捷，故習陰勁，有不能不用猴胸者。至於陽勁，則響脚除自壯聲威而外，絕無用意，學者多不明理解，但務虛表，每以不響脚者，爲無精采，教者爲迎合學者心理，遂强自頓地作聲，可笑也已！吾鄉有拳師王春林者，習江西派字門拳，造詣頗深，祇以吾鄉俗尚陽勁，從習者少，王迫於衣食，乃以意改字門拳爲蹩脚挺胸之法，現吾鄉尙有此種不陰不陽之拳術。

鄔家拳至湘潭，未三年，而湘潭原有龍門家之麒麟八卦等拳，全受淘汰，鄔家拳亦陰勁中之一種，與江西字門拳，無優劣之可言也。龍門家拳流行於湘潭，年代雖不可攷，然已有百數十年之歷史，則信而有徵，湘潭之老幼男女，無不知拳術，有所謂龍門家者，其勢力可知矣。鄔把勢竟能以猴胸短肋之陰勁拳取而代之，未及十年，湘潭之人有不練，練必爲鄔家拳矣。王春林技不及鄔，故遂同化，但鄔家拳萬不可學，學久必成廢人，因鄔得名於其足既斷之後，（龍門家忌鄔授徒，而無力以創之，遂設宴招鄔，鄔居隔河，宴畢，龍門家父子五人，自操送之舟，及中流，群起撲鄔，舟隘不能側轉，又不善泅，遂爲所窘，斷其一足，鄔哀求舁至家，龍門家父子，謂其足既廢，當不復有爲，許之，纔及陸，鄔兩手俱發，舁手二人立倒地斃，舁足之一人亦重傷，餘二人疾逃始免，鄔足雖廢，而授徒自若，所授技，轉較前毒辣。）由靠丁步變喜鵲步，靠丁步已無益於體育，况無變換之喜鵲步哉。（昔年軍隊中用藤牌者，必善鵲喜步，以左右足蹬躍而前，故有變換。）鄔家拳之用靠丁步者，爲初至湘時所傳，許八十一手，陰勁中不可多得之拳式也。

嘗有少年，於未習拳術時，與人鬬輒勝，習拳數月，轉敗於前此鬬敗之人，因咎其師傅之妄，而爲其師者亦無辭以自解。王志群曰：即此可證拳術之尙養氣也。其人未習拳時，正如初生之犢，不知虎之可畏，一往直前之勇氣每足懾人。既習拳數月，新步未得，故步已失，情知尋常手法，破綻過多，而欲求一必勝人之手，又卒不可得，故反覺無手可用。又未習拳時，勝負無關於聲譽，既習拳，則求勝之心必切，得失之念亂於中，運用之法窮於外，欲其不敗得乎？

練拳須一手是一手，吞吐要快，連續不妨略緩，不能如寫草字之牽連不斷也。

不論陰陽勁，內外家皆尙自然之勁，不可作意安排，作意安排，非但力盡陷於肩背，拳術亦無成功之望，且漸久必成肺病，浸爲廢人。

臨敵全賴後手來得快，後手者，即接連而進之第二手第三手，以至於無窮之手也。來得快，則救得急，雖有敗手，亦一閃而過，敵無可乘也。

普通拳術家不問其技之至於何等，必有二三手慣用之手法，其慣用者，爲何種手法，最易窺探，蓋拳術家與人言技，多喜舉手作勢，而所舉之勢，必其平生慣用者，屢試不爽。

形意、太極、八卦等拳在北方盛行一時，北方之拳術家，無不言形意太極者，然能得其三昧者絕少。練形意太極，不到成功之後，與人角，幾無一手可用，單邊長手之拳，非至爐火純青，矜平燥釋之度，不能言與人角也。

雙拳雙掌，在拳術中為極笨極無用之手法，南方之練步拳中多用之。（練步拳有大練小練等名，）不但因其以胸當敵，為不可用也，兩手同出，最遠反勁路，不如單拳單手多多矣。

拳式中，皆有其主要之手法，學者不可不知。其主要者，必其應用最靈，變化為多者也。陽勁勝陰勁處，在走紅門，直截了當，獨來獨往，氣已辟易千人。陰勁主旨，雖在以柔克剛，然每以氣力不勝，（平聲）能避鋒而不能克敵。故習陰勁者，多專練一部份毒辣之手，如釘錐（即屈食指戳栗暴）蜂針（戟食指戳人）虎爪（亦名五爪鍊）鐵扇帚（用掌背擊）等，專走小門，攻人要害，有不着，着着即戕賊人肢體，使人不復有抵抗之力。北方拳術家角技，每有角至二三百手，不分勝負者，若南方之拳術家相角，少則一二手，多亦不過五六手，勢均力敵者，不互中要害，即相揪相扭，同時力竭能角，或重整旗鼓，相與復角，曾未有角至若干手，尚不分勝負者。此其分別之點。在北拳，尚氣勁，南拳尚技巧，北拳相角時，多一立東南隅，一立西北隅，彼此一聲喊，各施展門戶，或一步一步互相逼近，及手足既交，一兩手後，復各驚退數步，或各向右方斜走，一至東北，一至西南，再同時折身逼近，手足相交後，亦衹一兩手卽各驚退，此一交卽爲一合，如此或數十合，或數百合。但視角者工力如何爲差？苟非相去懸絕，則無不經數十合始分勝負者。此尙是槍砲未發明以前，以長戈大戟決勝疆場之鬪法，蓋上陣必貫甲，出手較鈍，又多係騎馬，究不能如步行便捷，故一擊或一刺不中，必催馬斜走，伺機復擊復刺，不能立住死鬪，因此有數十合數百合不分勝負者。南拳則不然，純以技巧勝，功夫不到者無論矣，有工夫者，其氣勁不必驚人，然出手必能創敵，角時多不施展門戶，臨時落馬，意到手隨，每有勝負之分，非特旁觀者不知所以致勝之道，卽被創之人，亦多不明敵手來去之路。

易筋經八段錦等工夫，持之有恆，能長無窮之力，但此種力，非拳術家所需要。

達摩非拳術家，今之言武術者，動稱少林，而少林又尊奉達摩，一若達摩於武術，無所不精，無技非其所創造者。少林拳術，少林棍法，皆久已有人著爲專書，其假託與穿鑿附會之跡，令閱者膚粟三日！近年復有所謂達摩劍者，亦成專書，刊行於世，是達摩又多一門本領矣。

湖南鳳凰廳，民俗强悍，善武術者相遇，每以技決生死，其決鬪之法，憑地紳立死不賣償之約，擇廣場列櫬於旁，初以徒手相角，任人觀覽，死者卽納櫬中，隨時埋掩，而羣致賀於角勝者之家，勝者出酒食相饗，樂乃無藝，死者家族，無怨言，無怨色，但自咎死者之無能而已。若徒手不能決勝負，則各持利刃，對立互砍，一遞一刀，不能閃讓，血流被體不顧也。弱者經數刀，即倒地不能復砍，强者每互砍至五六十刀，遍體皆爲刀裂，猶揮刀不已。有寇某者，曾與人決鬬至十四次，多至互砍七十刀，但其人血流過多，年未四十，已衰萎而死。民國成立後，此種野蠻風習，已經官廳禁止。

秦鶴奇先生，上海人，知者無不稱有拳藝絕倫，余恨無識荊之緣，未得一聆偉論。有友告余曰：秦先生與翟大力士俊卿友善，嘗語翟曰：君右手右足之工力，誠不可當，但君不宜多怒，尤不可以全力擊人，防自傷內部也。翟極以爲然，而側聞者不解所謂，先生曰：翟君手足之功，因其好勝一念，成之過速，右手實勁過八百斤，右足更在千斤以外，而內勁不及其半，安可以全力擊人也。聞者仍不省，王志羣曰：是眞知技者之言也。譬之戰艦，噸量小者，必不能載口徑過大之礮，謂體小不勝震也。今之練拳者，每多專練一部份，即成功如翟公，猶有自傷之懼，況不可期耶？是足資治技者憬悟矣。

拳式中每有手足齊出之手法，南拳中尙少，北拳中則數見不鮮，甚至雙拳或雙掌，加以明尖，而習者猶自詡爲絕妙之手法，以爲三者齊出，敵無招架之方。殊不知此種手法，在拳術中，爲絕無意識之動作，於理、法、實用、三者，皆無所取義，乃全無拳術知識者所意造。拳式中有此種動作，屬雜其間，則全式無一顧之價值，可斷言也。或者曰拳式之構造，其意不在手手能打人，不過爲引活勁路，鍛鍊手足而已，此種手法練習既久，能使一足獨立不搖，而子何詆諆之甚也？志霖笑曰拳術中那一手不是引活勁路？鍛鍊手足，但勁路既云引活，則違反勁路之手，自不能用此種手法，乃是牽掣勁路，使不得條達於四肢，與力學生理，皆相背馳，安望其能鍛鍊手足也？且下部之穩實與否？全視其足勁如何？以爲比例，兩足有勁，氣能納注丹田，則下部未有不穩實者。一足蹻立，不提肛，（卽閉穀道）不疊肚，（卽氣注丹田）下部決無穩實之可能。明尖之不可用，亦卽此理。蓋用明尖時，立地之一足，不能屈曲，不屈曲，則肛不提，肚不疊；故用明尖必於敵退步或轉小門時，乘其步馬動亂，猝足一擊，敵乃無騰挪或接擊之餘地，從未有決鬭伊始，或敵步未動時，卽以明尖擊人者。踩子腳、暗劄、等之能百無一失，卽在落馬先穩下部，而發出之腳，又去勢不遠，發以全力，收以全力，故中能創敵，不中亦已反客爲主，早留第二發之地步。然用腳則腳，用手則手，雖已落馬，亦無手足俱發之理，況一腳蹻立不落馬者耶？其無用之程度，倘不得稱爲敗手，直一無意識之動作耳。萬不可用！萬不可用！

拳式中凡有丁字步者，皆可用足。蓋丁字步本爲牛步，跺子腳、暗劃、溜步、趕步等，無不從丁字步化出，靠丁步亦可用跺子腳、連環拐、暗劃，但須坐前腳發後腳，於敵穿小門時，百發不失，一惟溜步趕步，則不能用之也。

敵來勢過猛，卽退讓一步，坐實前腳，發後腳迎擊，每能反客爲主，此種關頭所用之腳，多係從靠丁步化出。

江西派字門拳中，有所謂圓字者，於理、法、實用、俱妙，與陽勁拳中之穿連手略相似，而靈巧過之。惜近時學者於穿時多不帶胳膊不轉胸，祇穿手腕一節，是大毛病，由大門轉小門固用穿，由小門轉大門亦可用穿，不帶胳膊不轉胸，則敵手祇須略硬，或略沉，或略起，或後足向空方稍移，皆能頓易主客之勢，而穿者反授胸於敵，以供其衝擊也。蓋穿者轉一尺，當者祇須轉一寸，故以紅門手（卽大門）擊轉側門（卽小門）者，無不後發先至，其勢然也。若穿者帶胳膊轉胸，則不至脫橋，而主客同一形勢矣，主客形勢既同，不必硬者佔勝，勝利當屬之識鬆緊者。來手無論硬至何等，若自度不能勝，（平聲）祇須略鬆手勢，將鋒頭避過，隨將脚跟一定，牙關一緊，以全力乘其舊力已過，新力未發，無不克敵制勝者，此卽謂之借力打力。

練拳氣喘色變，其故卽在不識鬆緊，從首至尾握固不肯放鬆半點，自以爲孔武多力，其實拳愈練，而力愈陷，氣喘色變特其顯於外之徵候也。凝神集氣，一手是一手，全身之勁但注於一擊之中，手既打出，立須鬆放，則雖連演數十百次，亦必行所無事，安有喘氣變色之患哉？

拳術中有所謂重拳法者，湖南人練者頗多，能碎數寸厚石板，見者多疑爲邪術，實非邪術也。其練習之法，於午夜趺坐井畔，爇香於前，念淸心呪一句，運臂揮拳向井中一擊，念百遍，揮擊千餘拳，如是者不輟，月餘，拳下自能激井中殷殷成聲，又月餘，水深丈許者隨拳蕩動，更月餘而功成矣。此非邪術，乃漸進之功也。然其成功，祇在一部份，故非內功先成者，雖成功亦不免有自傷內部之懼。

紅砂手亦非邪術，是練成之藥砂，亦暗器之類也。與人角時，必搶上風，否則不能施放，與拳術毫無關涉，鄉村拳師多用之者，因已無實力，慮角時不能勝人，又不善用其他暗器，故以此藥因風迷人雙眼，而一任其攻擊也。此爲極不道德之舉，不足效法。

拳術中最平庸者爲單掌，而最適用者亦爲單掌。惟單掌能跌人於數步之外，能破人一切手。單掌之變化極多，敵來手低，則沈而後掌；高則託而後掌；左則閉而後掌；右則分而後掌；凡中上部之手，無不可以掌接擊之也。

龍頭手獅子大張口（亦名虛實手）皆從雙掌化出，極適於用。因虛實相倚，奇正相生也。惟未經變化之雙掌，萬不可用，用虛實無奇正，弊害百出，以單掌破之，絕無變化抵抗之餘力。

拳術必須口授，圖說雖詳，祇足供學者參考，不能恃為入手之圭臬也。拳術非柔軟體操可比，柔軟體操無變化，拳術之妙，全在變化，運用勁路，祇在分寸之間，口授猶時有辭不能達之處，寧筆墨所能盡之？至於點穴，尤差之毫釐，失之千里，豈草率不備具之圖，所能標舉而使讀者運用無訛乎？人身要害之處，有最簡單而最明瞭之覩驗法，以己之母指從心窩量起，上下左右與中指距離之處，皆為要害，復從中指起量，與母指距離之處，亦皆為要害。但此限於頭部及前胸後背四肢無死穴也。僅能阻遏血脈，使人痲木，失其神經作用，至言以一二指點人四肢之一部，即能使人立死，非魘術則欺人之談矣。

村拳師秘藏之人身穴道圖說，所標舉即不謬妄，學者亦不能對本實施而行之有效。書中雖有注明某穴用陽手，某穴用陰手，及用一指鑽或二指鑽，或三四指鑽者。然學者內功未成，安能附勁於一指之顛，透人筋絡。至於傷科藥方，尤乖醫理，每有一方多至五六十味者，而其中性質相反之藥，時相並列，且傷科藥方中，無不喜用極毒烈不常用之藥劑，以人命爲兒戲，莫甚於此。

點穴之術，非深明生理學者，所言類多謬妄。今之拳術家，輒言能點穴，此欺世駭俗之談也。世人舉數，多喜言三十六七十二，合之爲一百零八，而言穴道者，亦遂謂人身有三十六死穴，七十二活穴，合之周身有一百零八穴，此種絕無根據之談，稍有知識者聞之冷齒。村拳師授徒，無不秘藏二鈔本，以欺罔學者。二鈔本爲何？一人身穴道圖說，一傷科藥方，雖人各異其傳，然自誇得之某某名人，或傳自某某異人，則皆同其詞也。余初得從村拳師許，睹此類鈔本，殊自驚爲異數，以爲如此不傳之秘訣，非拳師雅重余者，安肯推誠相示？因其中文句多不可通，不能强記，遂殷勤乞得謄錄一過，亦秘而藏之，不輕以示人也。是後每值其他村拳師，必以言探其有無秘藏此類鈔本，始皆笑不肯承，以利欣動之，則故躊躇作態，强而後可，及其出以相示，類多德色，內容或詳或略，而其文句之不可通，標舉之絕無根據，藥方之全無理由，千篇一律，以意義還叩之村拳師，或不能答，或答以玄虛不切事理之言，非吝不肯告，實不能以其昏昏，使人昭昭也。

拳術家每侈言，某手非某手不能破，此欺人之談，絕無其事也。惟硬不破，惟快不破，硬中須有軟，既快貴能穩，則眞不破耳。出手如風馳電掣，勝負分乎瞬息之間，寧有絲毫措思餘暇？敵手未動，我無由預測其將出何手，而預爲破之之手以待，敵手已動，則我縱眼明手快，亦不能立判其爲某手，而我非某手不能破之也。且凡手法之佳者，其變化必多，世未有施用某手不能創敵，猶頻頻施用之也。尤未有出手不收，以待敵人之接擊也。村拳師授徒，不明理解，每好爲似是而實非之言，以聳人聽，以取多資，故有此類說法，爲其徒者，安有判別虛謳之識？如是某手不能破某手之說，幾成爲拳術家之公例，其眛目無識，爲可笑矣。

動手先落馬，出手必送肩。落馬則肛自上提，氣自下注，下部一穩，則全身之勁，自能貫注於肩背，由肩背達之，打出之肘腕，故曰出必送肩也。

善拳術者，不必善蹤跳，善蹤跳者，亦不必善拳術；蹤跳本另是一途工夫，與拳術全無關涉。今人論拳，每混合二者而言，以爲善蹤跳者，卽拳術家，而拳術家亦無不善蹤跳者。霍元甲拳名滿天下，絕不能蹤跳；趙玉堂能一躍登三丈高屋梁，亦絕不能拳；此其明證也。蹤跳祇在身輕，身輕由於脚有力，其用功之道，不與練拳者同其蹊徑。謂蹤跳與拳藝同屬於武術則可，謂蹤跳屬於拳藝，則不可也。

拳式中有所謂九滾十八跌，及林冲下山，貴妃醉酒諸式，全用撲跌蹭滾，說者爲此類拳式，善能敗中求勝，爲練拳者不可不知不可不能之身手。嗚呼！爲斯言者，殆不知拳術爲何物者也。拳術家以技與人角，其敗中轉勝之手法，每出於意外，有一不可有二，卽其本人，亦不能以此手法爲第二次之施用。如棍術中之鐵牛耕地，全爲敗中轉勝之棍法，然學棍者，雖與人角至百次敗至百次，亦決無施用鐵牛耕地之時也。借以上所舉拳式，爲練習使身體敏活之用，未嘗不可，然在拳術中已落下乘。至欲用其手法以臨敵，則恐終其身與人角，且在敗中而無求勝之機也。

人之右手，每較左手便捷，如是練拳者，多專練左手以圖補救此天然之缺憾。但左手練硬後，右手之便捷，復遜。世無兩手完全同等者，此實無關於拳術之程度，卽能練至兩手完全同等，用時亦無兩手同施之理。雙手不如單手，與雙刀不如單刀，雙劍不如單劍之理正同。學者殊不必以左手硬遜右手爲病也。

低馬拳式與高馬拳式之比較。低馬拳式，利於實力不足之人，短手容易上勁，又出手多走小門。故練低馬拳式者，半年三五月後，卽能應用。高馬拳式，則非實力充足之人，加以一二年之苦練，幾無一手可用，然及其成功，高馬拳較低馬拳俏捷多多矣。

沉託勁在陽勁拳中，用處極多，以其利於搶紅門也。陰勁拳則多喜用分閉勁，若字門拳中之內圓外圓，則又沉託而兼分閉者矣。江西有某老拳師者，善字門拳，由圓字變化一手，名爲蝴蝶手，極運用之神化。敵手一爲其手所着，卽如膠粘不可脫，敵進則退，敵退則進，其柔殆類蛛網，終其身無能破之者。安徽有饒某者，業窰人，遂稱爲窰師傅，喜治技，善側掌中人，因其所業，恆須以掌範泥也。雄視一鄉，村拳師憚其勇，莫敢與較，然皆惡其慢也。會有鳳陽女子，鬻技於其地，雖纖弱而矯捷如飛鳥，村拳師謂其能在饒上，設詞激饒往角，質欲因以創饒。饒負氣往，女勝一足，饒側掌擊之，斷其踝，女遂傾撲，狼狽遁去，饒聲譽益振。無何，復一鳳陽女，訪饒於其居室，適饒他往，饒家飼雞十餘頭，女盡縶之以去，行時顧饒家人曰：此去里許，有雷祖殿者，余將遲饒于彼，一日不至，則宰食一鷄。饒歸聞語，將往懼不勝，不往則損名且失雞，不得已陽爲力人往，至則見有女年可二十，姿容娟好，趺坐階際，連雞置於左右，饒遜前語曰：吾窰師傅之力人也，彼適不得閒，命吾且將雞去，言已趨援雞，但覺有物中股際，卽撲跌尋丈外，饒茫然不知致撲之由，知不敵，踉蹌而歸，焦急無可爲計。饒有長年雇工名張老者，年已六十餘矣，以力傭於饒且二十年，饒固以尋常力人遇之者。至是張老見饒環室而行，若重有憂者，乃請曰：君得毋慮鳳陽女雖勝而雞不得返乎？饒曰：然，因言跌時情狀。張老笑曰：吾將爲君往索雞，得則君居其名，不得，於君無與也。饒恚曰：奈何誑我，吾且見敗，若奚往焉？

張老曰：吾固言不得於子無與也。饒終疑之，然計無所出，姑允偕往。女仍趺坐如前，張不語，突前取雞，女自裙底飛一足出，張提而投之，女駭請姓氏，張自指其面曰：吾窰師傅也。女拜手謝教去。饒伏地不起曰：與公同寢饋近二十年，竟不知公身懷絕世之藝，謹請屬爲弟子。張欣然受之，授以技術，越三載而前翳技之鳳陽女至，指名索饒，饒與角，三數合後，女復騰足，饒以左手把持之，女立地之足亦發，饒以右手接之，女身中懸不偏頗，饒知爲勁敵，作勢遠投，女着地大笑而去。饒歸面張陳述，張徵曰：汝傷重矣，久且不治。饒曰：弟子未嘗敗，胡言傷重？張命饒袒示其胸，則兩乳旁各有黑點如錢大，始駭服，泣請醫治。張曰：汝投時不應縮手作勢，彼足距汝胸僅及寸，縮手卽爲所中，其勢然也。彼等之爲頭，皆附以鐵，一着卽傷，無可幸免，喜傷處非要害，若上下寸許，則無可爲矣。

覺饒某之受傷於不自覺，可以知拳術之難矣。使當日其師不在側，則饒某將至死不晤其死於藝之疏也。拳術家以技與人角，因傷致死，而不知所以殺身之故者，不知凡幾，故兪大猷曰：吾覩不能如能，生疏莫臨敵。凡百藝術皆有競爭角勝之時，惟以武術與人角勝，則動輒孤注性命，眞有能耐者，不輕與人言技，卽懼因名而招致來角者也。長沙陳雅田善技享重名，來訪者嘗不遠數千里，晚年益甚。陳患之，每辭以他出，而陰瞰其人藝皆出己上者，因益自韜匿，遂得終其身不敗於人。

拳師與人角技，每喜於數步外，兩手上下連環旋舞而進，來勢一若極兇猛之致，工夫不純熟者遇之，無不辟易。其實破之極易，自己手硬者，直走紅門衝擊之，彼旋舞之手，着手無不披靡者。若自料不能硬進，祇後脚略横半步，即是直來横受之道，彼旋舞之手，亦無所施矣。須知兩手上下旋舞，着人必不入木，無避讓之必要也。

余於長沙組織國技學會時，延聘各地武術家，前後以百計，雖藝有高下，然其談論技術時，莫不神色飛舞，有不可一世之慨，若第就其外表觀之，皆萬夫之雄也。湘潭曾唸甫，年四十餘，以拳術享重名，凡鬻技於湘潭者，無敢不先投謁其門，非然者，即眞有能亦無可得貲。因是曾之聲譽益隆，而究無有知其技至何等者？余以六十金招致之，居會中將一月，與他拳術師言，恆傲岸不爲禮，人多啣之，屢欲與角，余慮俱傷，力爲排解，曾知不見容於衆，亦與辭去。

曾行之前一夕，余治食祖之，曾半醉，欣然語余曰：吾有妙手，當於再會時出以相示，此次雖聚首一月，實未得盡吾長也。余時亦被酒，乃笑曰：君手皆妙，復何手之能獨妙也？曾曰：妙在能倒人，余曰：君手皆能倒人，此何手而特妙也？尙勁者乎？尙快者乎？曾曰：尙勁與快，始能倒人，則不得云妙矣。余曰：是則神術也。曾曰：否？余推案而起曰：不勁不快，亦非神術，余敢必其無此妙手，曷請相示？但得倒余無所忤。他拳師從而和之，曾色撓，志羣師力止余，曾慚恧即夕遁去。拳師以此術弋貲者，十人而八九，不曰：有秘密之傳，即謂：有神妙之手，學者求藝心切，無不入其術中，其實皆詐欺取財者也。拳理既通，安有所謂秘密？安有所謂神妙？拳理不通，何手不能謂之秘密？何手不能謂之神妙？且學技者，貴得其道而力持之，工夫既深，神化自出，父不能傳之子，兄不能傳之弟。寧可貨而得之者？

本社介紹卞人傑先生著

太極拳練法的十二箇基本原則

內容㈠解除無謂的用力㈡避免雙重㈢涵胸㈣拔背㈤揚腰㈥斂臀㈦弔膽㈧提頂㈨褁膽㈩抽胯⑪鬆肩⑫沉肘

末附太極拳源流考略，太極拳名人錄，定價四角。上海愛多亞路廿九號，聯華出版社發售。

唐豪先生武藝叢書

戚繼光拳經

戚氏採取當時及古傳名家拳法，編為三十二勢，為研究明代及明以前中國拳藝之重要材料，即近時風行之太極拳，亦淵源於是，編者著為長文詳論，圖說取日本寬政十年平山潛重刻萬歷周世選本校訂，一正照曠閣來鹿堂四庫本之沿訛。

定價三角

唐豪先生武藝叢書

內家拳

著者參攷郡志，邑乘，雜家，史傳之文，闢其妖妄，削其附會，正其系統，明其源流，證其絕亡，詳其要歸，排陳說，創新見，以成此書，附錄內家拳古文獻，搜輯靡遺。

定價四角

唐豪先生武藝叢書

王宗岳太極拳經陰符鎗譜

有長近萬言之攷據，將王宗岳之身世，思想，著作，武藝時代，旁證博引，以明各家嚮壁虛造，集十餘家之太極拳經，將各篇之同異，詳略，前後，有無，譌訛，剝繭抽蕉，以伸各家未備之說，陰符鎗譜向為傳鈔本，茲加攷訂，與太極拳經同刊。

以上五種上海市國術館與薩坡賽路一九〇號中國武術學會出售

定價四角

陳子明先生著

陳氏世傳太極拳

定價一元二角

唐豪先生著

太極拳與內家拳

定價四角

朱國福先生著

形意六合拳撮要

定價六角　中國武術學會出售

潭腿精義

中山　盧煒昌　著述

潭腿爲基本教練，自以多習爲宜，苟得其變化之妙用，則一拳半腿已足令人懾服而有餘。但爲鍛鍊體質計，則當移其興味於筋肉之發展，故每一動作全神注之，常覺渾身血液，都跟動作運行，令人愈練而愈覺愉快，練者到此地步，進藝之道不遠矣。初練時缺點最多，最足阻人進步，特摘出之，俾資注意，而利進行。

㈠ 組掌不堅，兩手之細微筋肉不發展。

㈡ 出掌不豎，指肘上之肌肉不緊張。

㈢ 衝拳無后弓步之催助，故衝力不大。

㈣ 弓式轉騎馬式，氣力不統一，故腰力不振，騎馬式轉弓式亦然。

㈤ 撩拳只注意前手，而忽略后手，故失其平均之力。

㈥ 撩拳高低不一，不能得定點之效力。

㈦ 擂拳之圈，常失之太大或太小；或動作完而手之前段不下壓或下壓而高低不一；致失防衛之效力。

㈥ 寸腿踢時不伸直；或立足不牢；或踢時失其固有之身手姿勢；足趾上竪，亦爲寸腿之錯點，須一併注意。

潭腿第一路筋肉之發展

（立正預備）組拳用力時，前後手腕之細微肌肉均緊張，所以發展其腕筋。

㈠ 衝拳發展其三角筋，及後膊筋，同時首向衝拳拗轉，及發展其前後頸筋兩腿之二頭與四頭筋，因前弓後箭關係亦同時發展。

㈡ 騎馬式發展其上腿四頭筋與下脊筋，同時以手屈曲發展其上膊二頭筋。

㈢ 撩拳發展後膊與三角筋，身體拗轉，亦發展其下脊筋。

㈣ 擂拳發展前後腕筋與三角筋。

㈤寸腿之踢脚，發展上腿四頭筋，立地之脚，發展小腿筋並四頭筋。

潭腿練習初學時，最忌發力，因斯時氣力不匀，頗難支配其全體之平均，用力者徒自受苦。輕於姿勢有礙，不如絕不用力，以求姿勢之正確，再謀發力之自然。練至身手活潑時，略一指點，則力由腋下吐出，絕無勉强之表示，自不覺用力而力轉較故意發力爲猛。且肢體不至十分酸楚，而令人起厭畏練藝之心。斯時進藝之捷徑，除『姿勢正確』以外，幸勿另存別念。

潭腿第二路

潭腿第二路動作雖不多，然能發展筋肉之最重要部分，由騎馬式轉弓式，再由弓式轉騎馬式，非但發展腿部二頭筋及四頭筋，其身體方向之拗轉，勢足以引起腰部之彈性力，練拳者發力以腰部爲中樞，藉以催助上下肢之運用。然腰力最難發展，苟能注意此路潭腿之第一及第二動作，聚全力於身體拗轉之時，久之自能於無形間得其妙用，而藝術之道，思過半矣。此路潭腿之第一動作：右手須向面前落下，向右用力，曲肘如拉弓然，騎馬式須兩腿略平，身體挺直，眼向左拳。此動作，發展（上臂二頭筋）（前後三角筋）（後脊筋）（上腿二頭筋）第二動作：發展（後膊筋）（斜腹筋）（前脛筋）（小腿筋）（大胸筋。）第三動作：除（蹠趾細微筋肉）外，餘同上。初練者，最忽略之點如下：

第一動作：右手不用力向右拉，眼不看左拳，身不挺直。第二動作：右足不向後撑，左右手之平反面顛倒。第三動作：眼不平視，兩拳交換時兩膊高聳，胸部下陷，立脚不牢。上列弱點，教授時，須特別注意，免學者浸成習慣，將來不易矯正。第二路潭腿動作名稱如下：

㈠ 窩肚拳。

㈡ 腰步搥。

㈢ 十字腿。

潭腿第三路

第三路潭腿動作凡五：一如第一路第一四五動作，與第一路潭腿之一四五動作，絲毫無異。唯第二三動作不同，上文已詳述一四五動作之功用，茲不復贅。祇述其二三動作之運用，俾練者咸知兩膀發力之相稱，與夫腰部拗轉之氣勢，藉以保持其肢體筋肉發展之平均。第二動作之通天礮，拳向上衝，最難達適當之定點，練者第一當知拳應至高度，如何始爲適合其手肘之屈曲，至如何度數爲止？則發力不致浮泛，而無歸宿。通天礮上衝至頭額爲止，不甚難記，唯屈肘至四十五度，練者頗覺困難，故前腕每成直線，易授人以可乘之隙。（肘過屈則轉動不易之故。）第二動作之左手下撥拳，練者尤易忽略，予每觀其左手與左脅之距離太近，卽知其左手毫未發力，此時不令其特別注意，將來必成偏跛之姿勢。而同時兩腿之由左弓式轉右弓式，與夫腰部之拗轉，其氣力能與兩膀同時幷發，則獲心手相應之効果尤速。此節發展之肌肉，（前後三角筋）（大胸筋）（後膊筋）（斜腹筋）（上腿二頭及四頭筋）（踵趾之細微筋。）第三動作：左手由面前圈上不難，唯再由上向後沉下作半圜形爲最難。因手肘之變動不靈，拳眼（卽虎口）不朝上而朝下，致令肩膊高聳，氣力卽滯於是間，而不能直達拳末，其難一。就令手肘知所轉動，而拳之回復未至適可之水平線，致令胸曲而不直，其難二。練者苟能免此弊，則其筋肉之發展，除上列各部分外，其三角筋與後脊筋與上腿筋之效能，尤有特殊之增進，練者不可不以縝密之心思，而抉出其精華也。

潭腿第四路

潭腿以第四路爲最複雜，苟非認眞研究，雖得良好之姿勢，亦莫明其運用與發力之奧妙。常見有習此經年，毫未獲益者，此無他，發力未斟酌其剛柔之性質而已。人第知剛力有定點，鮮有知柔力亦有定點，使非敎者示以定點之風聲，（力到定點勁有所掣，卽發聲响。）學者將不自信此柔勁之妙用也。第一動作之偷步橫垂（手旁）手眼身步須一齊動作，若有些須先後，則失其運用之形勢，並且失其實力矣。此動作發展（頸筋）（上膊三頭筋）（後膊筋）與（右前腕筋）第二動作之撐剁，左手之撐容易發力，右手之剁純用柔力，且力分兩段，初練者多莫明其妙。因上膊純用後三角筋之力，而同時指向上勾，則用腕筋之力，一定點在膊頭，一定點在手腕，故云分兩段用力也。此動作發展（大胸筋）（三角筋）（後膊筋，（前後腕筋），與（上腿二頭及四頭筋。）第三動作之穿掌，無甚蘊蓄，可勿贅。第四動作之仆腿，最爲複雜，謹分別言之，或易領會？右手從膝外斫下，須全用後膊之力，使手由下彈起，方得其運用之好處。右手彈起後，卽略停頓，左手向前由下上挑，純術柔勁，俟掌與肩膊恰成水平線時，發力之定點，卽駐於是。斯時右手向後撥左手向前，地，身向上湧，左足前屈，右足後撐，均須一齊動作，俾氣力統一，藉宏效用，其發展筋肉，幾及人體之全部份。余最喜單獨運用此手法，因肢體之定動震動時，身心愉快異常，而腰部之動作，非但可催助身手之氣力，且可發展正腹筋。（注意：拳術發展正腹筋之手法無幾，余正擬另訂手法，以彌此憾。）仆腿之法既完，其姿勢已變，卽各爲齊眉掌，此掌略成鐮形，指尖與肩齊，後撥之右手成勾形，須反拗提高，唯注意勿使肩膊高聳，手肘屈曲。（初學最易犯此弊。）第五動作之寸腿，功用與上路之寸腿無異，唯須保存其固有之姿勢，勿使有所變更。（卽左手之齊眉掌，及右手之勾形，踢時切勿改變。）眼勿注地，須向前平視，初學者又易犯此弊，學者與敎者不可不互相留神也。

潭腿第五路

余草潭腿至第四路，卽有人詢余，因何不從手法順序解釋？使閱者均可就此自行練習。此殆誤會此篇爲潭腿敎授法，而未知除此以外，尚有技擊叢刊中之潭腿專書也。此篇所言乃敎授餘義，非熟諳潭腿之後，不能了解，且非詳細玩味而力行之，亦莫能得其好處。又有詳言各部筋肉之發展，未免令人心有所分，茫無頭緖云云。不知此篇只能就多數心理而言，未便遷徇少數人之請也。蓋吾國練藝者，多有未明其所以然，毫無生理的意味，致令輾轉教人時，不能作透闢之解釋，而堅他人之信仰。此篇兼論筋肉，正所以起其研究生理之興味，而增其裨益身心之效能，若能對鏡露體行拳，注全神於渾身筋肉之動作，尤能去其厭惡心，而不至時練時輟，或竟半途中止也。茲請言第五路潭腿，此路本平平無奇，第一動作之窩肚拳與第二路之第一動作，絲毫無異，可無贅。第二動作之蒙頭穿心拳，左手曲肘橫肱，舉置頭上，須特別注意用力上託，以發展（大胸筋）與（後膊筋。）第三動作之擂拳，亦只如上路潭腿之擂拳，保持其四十五度之曲肘，與身樣大小（擂拳防衛身體中部，故圈之大小，適如身體之度量）之圈形。曲肱下壓，勿過爲高低，則勁有所縛，而自臻定點矣。右手之螺旋式穿心拳，勿旋轉太速，俟拳將達定點時，迅卽旋轉，同時將肩膊下壓，若高聳則力滯，是間而永無透注拳末之望矣。學者其愼旃！第四動作之蒙頭擂拳寸腿，最難使姿勢完美，因學者此時須保存其固有左蒙頭右擂拳與右寸腿之姿勢，同時又須特別注意其站地之右足，勿使踵趾有絲毫之移動，更須注意於身體與眼光，勿使其屈曲與下注。總而言之：眼光前視，胸部伸張，右足踢直，左足站實，左蒙頭，右擂拳，絲毫勿動而已。由此動作而轉右窩肚拳時，切忌改變方向太快，如身體向東，須俟左右手恰發力時，始拗轉腰部，而轉其方向朝北，使渾身氣力有統一，有收束，左肢與右肢互助，腰部與左右足互助，其氣力始得環迴貫注，而有以神其作用，時得用力既猛，練者尤當注意其踵趾間站立功夫，云使十足趾緊向下壓，踵趾互相策應，身體方無搖動之虞。此卽南派所謂站跣（粵人謂之馬步）凡行拳無論變換方向，或蹺一足，或湧全身，均須留神踵趾間之互相策應，勿使有些須離地，致貽笑方家。十二路潭腿之關健在此，卽拳術之着重處，亦莫不在此，願與學者勉爲其難，於此處痛下功夫也。

潭腿第六路

第六路潭腿之第一動作，各衛拳與第一路及第三路之衛拳無絲毫異，可不贅。第二動作之仆腿，左手曲肘橫肱，一如第一路之第二動作。肱曲臂不曲，此動作非盡人皆能，仆腿伸直不難，而難於足踠外沿不離地，初學者十九犯此，足沿離地之弊，就令腿直而足沿貼地矣，而下蹲之右足，每每後踵上蹺，身體攲斜，致令此動作精神全失（按此姿勢不能勉强而成，未成年之孩童，爲此毫不費力，成而則否？精武會員慣而習此，以繩吊足，每晨行之，遇伏天則進行尤力，然十人中成功者僅一二人，余亦會熬苦經年，迄無良果，半因會務，離滬日多，致時作時輟，卒貽硬脚會長之譏，此根綿綿，未審何時可得而剷除也。）此動作發展（上膊二頭筋）（後背筋）（上腿四頭筋）（小腿筋）（前脛筋。）第三動作之雙環拳，左右手同時下砾上劈，左足前拱，右足後撑，其功用不亞於第四路潭腿之第四動作，渾身肌肉，無不震動，各定點至恰到好處時，其愉快眞不可言狀也。右手上劈之定點，藏於擂拳之中，學者每易忽略，非但失其發力之方，而且減其實用之效。余敎授至此，嘗分其動作爲二，而使學者注意此點，冀無負古人作法之苦心，然因是不免有破碎之憾，苟學者能神而明之，當不難融會而貫通之也。第四動作之左豪頭寸腿，須特別注意其左足之用力站立，以免右足用力踢出，而身體搖搖如懸旌，斯時眼向前看，左豪頭與右擂拳切弗移動，胸向前挺，右足踢出後，略停些時，若甫踢即連隨而下，即失其站趾之功用矣。此動作只發展左右腿之各部份肌肉，上身無與焉。轉身右手衝拳，須兩手靠攏，由騎馬式轉弓式，左腿用勁向後撑，惟手眼身步一齊動作，始不失其猛鷙之氣勢也。

潭腿第六路之價值

余草上六路潭腿畢，停頓些時，方欲賈餘勇以完下六路，乃急性者往往催逼，均以速窺全豹練好拳者，其考分與積分必加人一等，包括各藝之語，非杜撰也。）蘊蓄精義，不知凡幾，造詣深淺，藝，均包括其中。精武會臨池部主任，會察出練好拳者，必寫好字。又拳術部主任，察出各學校學生，學者，以勤勵不息聞，竊敢以潭腿無價值之言進。潭腿爲啓發各藝之關鍵，（文藝武藝暨凡百工而幾耶？惟其然，則下六路潭腿之成，重有待於學者之研練，冀其或有些須之心得也明甚。精武系何如何，始得遒勁，以寥寥不過十數之筆劃，塗鴉至今，竟未成體，而謂技術手法之繁雜，詎可一蹴血汗以從事於無謂之週旋，幾見其有裨於藝術之毫末耶？余尚憶幼時，業師諭我曰：寫字筆法如分明瞭者。不寧惟是，細察之餘，且獲見多數尚未明握拳與組拳之法者，於此而欲他人絞腦汁，耗肯任其有一毫之忽略，藝術之能事，盡階級之數完矣。）即開宗明義第一路之預備，亦多有未十此第三級根底，日日磋磨，罔或少輟，不貪多，不矜奇，雖一指之微，一瞥之力，似經千錘百練而成，弗常至懈弛，則一手一足之出發，每呈一種穩練之態度，而第三階級成矣。然猶嫌其過於板滯，則本未能恰到好處。此時若故意使慢，詳細斟酌，其運力與效用之要點，勿使手法隨意所知，勿使肌肉艱澀，費氣力而兼耗腦力，爲學者最難堪之境。第二階級，無須用腦，身手運用，異常純熟，唯姿勢均爲快。然略覘其造詣，非但未臻第二三階級，（余嘗謂練拳蹊徑，略分四階級，第一階級，身手轉動是在吾人嚮往之熱誠如何耳？大叩則大鳴，小叩則小鳴，吾人其勉之！愼無買櫝還珠！致貽笑於大方家也。

潭腿都十二路，今祇云六路之價值，其餘六路豈無價值乎？吾知閱者必有是心理，而囁嚅欲問者屢矣。余惟欲保存下六路潭腿之價值，故草至第六路時，遂欵然停頓，不憚贅詞，重與學者作深一層之研究。潭腿運用法，經精武會書記陳鐵生氏闡發無遺，余之所以嘵嘵不已，亦冀學者於轉換姿勢時，不致有所誤會，而失其動作之精神耳。潭腿每路僅寥寥三五手法，學者苟不詳細斟酌，其運用之方與乎致力之點，則毫無價值可言。何以言之？同一挑掌也，學力到者運用時，必砉然有聲，否則徒具形式，於體力與實用無當也。又同是一寸腿也，其站地之足有屹立不動者，有隨體力搖曳者，余常默察習藝者數年，亦不免有此搖動劣點者。不寧惟是，組拳不緊握其四指者有之；出掌不疊指，且掌沿不外露者亦有之；卽最重要之弓式與騎馬式之轉換，動關腰部之發展，亦鮮有注意及之者。淺而易見者，且疎忽如是，授者將何從喚起其精益求精之興味耶？回溯提倡拳術十年來，社會只知其有存在之價值，而不知其關係於國家、種族、道德與生命四大端，固如是其重要也。人類無不重生命，余請暫撤去國家、種族、道德三問題，而單言生命。余今日弗克瘁其全力於社會公共事業，未始非吾戚䣊之生命不能保全有以致之，余妹倩兩肩平聳，胸部內陷，余曾苦勸其注意體操，彼漫應之，心弗善也，不半年卽以辭世聞。又余內弟昆仲三人，不五年間，先後去世，后死二人，余均勸其致力於體操，卒無結果而死。瀕死猶力囑其母，勿令余知，今多數重担緊壓余肩，余不得不鎭日作牛馬走，以應付一切，於此而知體育關係生命與事業之重，然尤有令人感觸者。余摯友某君，以舊歲廣帮略生風潮，故力却人之勸其入精武者。情愈摯勸愈力，而彼固執亦愈甚，卒至易簀時，使人購一潭腿掛圖向之而泣，余聞之亦爲泣數行下。嗚呼！潭腿之價値，豈僅如斯而已乎？余將使其橫撑五洲，竪蹤八極，而爲我神州一掃其茶靡之烏煙瘴氣也。

第余所言者，乃潭腿有形之價値，其無形之價値，幾至罄竹難書，非徒區區關係於人類康健問題，其影響所屆，竟能涵蓋古人種種之優美德性，而養成人類種種純粹犧牲的性靈，（注意國家之興替，須視其人民富有此種性靈與否以爲衡？）以爲社會凡百事業之後盾。人類而解决此問題，則行動間自具一種高尙之風度，而非如吾國人之肥者太肥，瘦者太瘦，無論其處若何之莊嚴地位，終流露其一種猥瑣行爲於不知不覺間，已完全失却其天然之人格。此種檢舉，佷見於西人雜誌中，如評論張勳輩然，第彼西人筆鋒所及，豈僅論及政客，他如議院，與夫所謂名流輩，無不一一列入嬉笑怒罵間，令吾輩見而毛戴。（閱者注意！吾國社會好數衍，只見人向富貴者拍馬，從未見有持理衡人不爲威刦者。此伈伈俔俔，輩積惡成善，戕賊人類性靈於顛倒是非中，令國家染無形之瘵瘵以死，其毒殆有甚於矮賊吮吾膏吸吾髓也。）當此魑魅橫行之日，將何法使之廓清一切積習，可爲我神州一吐其抑鬱之氣耶？從治標計，則非徧興敎育不爲功，若從根本解決，則非在體育上痛下功夫，使人人增具有一種純粹的犧牲性靈，而救濟社會一切事業之缺點。則縱日日言道德，日日言救國，而道德終墮落，救國成畫餅，可敢斷言也。同志青年乎！而今而后吾國存亡之責任，亦既緊壓而肩矣！吾人而鼎力扛負耶？抑取巧放棄耶？橫覽五洲人類中可資觀感者，唯肺腑中之一口氣耳。國之存亡，惟問有無此氣，然苟非有體育的修養，則人類僅存者，惟不絕如縷之暮氣耳。暮氣只有聲色貨利之作用，於國家社會絲毫無裨也。蓋古人所謂浩然之氣，非極端之修養不爲功，修養如何？注意其潭腿一端也，吾請續言潭腿第七路。

潭腿第七路

第七路潭腿之局勢，最足啓發學者之悟性，行拳而無變化，是無異普通柔軟體操耳，何謂變化?卽一拳之出，一腿之踢，均能領悟其上中下之作用，與夫前後左右之布局，竢盡脫初學時之呆滯動作，而後能表示一種純粹的拳藝姿勢。今學堂所習拳術，造詣既淺，當事者又未積極提倡所學，徒具一種膚淺形式，歐美派之體育家，復從而排擠之，益令學者心灰意沮。此藝負人歟?抑人負藝歟?中國人無犀利眼光，唯獨具委靡天性，故余十數年來提倡拳術，自謂不遺餘力，而僅討好於一般歐美人士，不能不自認人實負藝，藝確無負於人。閱者而疑吾言乎?試一覽歐美體育界各種雜誌，而覘彼一般人士習拳之成績，常自認明吾人負藝之弱點。而數十年來政體改革復改革，卒無成績可觀，重陷全國人民於水深火熱中，而莫容自拔，都緣此弱點之爲累，乃卒無一人於此根本問題，而施以相當之解決，徒自紛擾，而維歐美糟粕之是鶩。此余不憚斤斤耗辭日聒於閱者之前，而罔或小懈也。七路潭腿之結構，余於練習之餘，悉窺古人運心之巧，全路動作，均用作自衛者。然亦均是進攻者。寓攻於守，絲毫無着跡處，而雙輾拳發力不同，各有獨到處，尤令人百練不厭。苟欲自衛，或欲進攻，動作間只一伸縮其臂膊，卽可如願以償，襲擊者縱百十其手，亦不能少近吾身，此練藝之所貴通變，而入藝之所以貴透闢也。第一動作之窩肚拳，閱者縱善忘，亦不難記憶。及第二路潭腿之第一動作，此所謂二而一者也。第二動作之雙輾拳，左手沿右膊向外滾出，聚全力於向後收束之時，一着人身，無不立倒。其發展三角筋，與後膊筋之力爲最偉，右手同時下劈，劈力愈大，則第三動作之彈拳，反動力亦愈大，其發力全用手肘之彈性柔勁，初習時似自覺毫無氣力，行之既順，力有收束，則至定點時，砉然有聲，始知其彈性力之妙用。但雙輾拳運用，全係膊筋與三角筋之力，若彈拳而用此種氣力，則效力全失矣。練習彈拳時，須全將肩膊之氣力放鬆，注力之重點於彈出之拳，初學時覺其無力，乃氣力未順之故，切勿灰心，忍耐研求，自得效力於不知不覺間矣。惟練習不宜過於猛進，免成一種矯揉造作之習慣，致礙拳術之美觀。且初學不善用力，勉強而行，或急求速效，嘗至筋骨扭傷，甚或破其細微血管，以至咯血，是亦以人負藝之流，不可不慎也。七路潭腿除雙輾拳，及彈拳以外，其餘動作，均與第二路潭腿而異，學者逕自參考可也。然尚有可注意者，雙輾拳之環形須大，左右手均須過頭，否則？無與於後膊筋之作用，僅略發展其前後三角筋而已。劃大環形時，身體切忌前后搖擺，是舉雖關係甚微，要亦不無影響美術的作用也。

潭腿第八路

第八路潭腿動作凡七：在前之五動作，與第一路潭腿無絲毫異，可置勿論。其第六七兩動作，異常複雜，初學者非但莫明其實用，且多數未了解其形式，常見有左右手之環形錯亂，及穿心腿之用力仍在脚尖者，卽足表示其確未明瞭形式之證據也。第六動作之蹬式，其精神全在左右手之運用，右手由擂拳而變成第五路潭腿第二動作之蒙頭式，左手同時引肱曲肘，向胸部前插下，由三角式變成直線，斜逼敵拳於脅外，尤不失固壘自衛之本能。左右手一轉移間，極盡其縱橫捭闔之妙用，於以知古人造藝，不僅斤斤注意於氣力之發展，且寓速率算學於其間，而有以促吾人智育之增進也。蹬足時先將脚屈曲提高而後下蹬，則無身體搖曳之弊，此動作發展（後膊筋，）（三角筋，）（大腿二頭筋，）（小腿筋，）及（前蹬筋。）第七動作之穿心腿，由蹬式上湧時，卽踢趾向上鉤踵向前衝，同時左右手如拉弓式。然一引肱向右；一衝拳向左；如能身體不攲；踢脚能平；兩肩不聳；入藝之道過半矣。初學時，祇求其踢腿能直而平，便是好身手。余每勸初學者，先畫一高與腰平之標記於牆，每晨左右腿互易，以十踢爲度，暫不用手，只求足踵漸臻高度，至標記爲止。用此法者，進步頗速，且於練習第十路潭腿時，常收事半功倍之效。穿心腿踢出時，初學者因踢腿未平，每每以手俯就之，致倍增其姿勢之劣點，甚無謂也。無論脚之高低，出手須平，蓋手無礙脚之必要，不必過拘形式，轉累實際，穿心腿踢後落地時，須大踏步向前，步小卽失其活潑精神矣。此動作發展（上腿四頭筋，）（二頭筋，）（三角筋，）（前踁筋，）（大胸筋，）（後膊筋，）與（二頭筋。）

潭腿第九路

第九路潭腿之第一第四第五動作，均與第一路潭腿無異，無須再詳。至第二動作之碰鎖拳，則須特別注意，其效用與第七路潭腿之第三動作相彷彿，兩手愈向左脅用力劈下，則第三動作之分掌反動力亦愈大，此碰鎖拳用以斜擊敵拳之襲吾脅部者，故僅用一左手之腕力恐不足，而益以後掌下壓之助力也。兩手運至左脅時，身體須同時向左拗轉，使敵拳無襲擊之時機，初學有詢余身體既拗轉以卸去敵拳，又何必以碰鎖拳斜擊之，此法不嫌其冗贅乎？余曰：誠焉，唯敵拳而僅僅卸側，難保其不別生攻擊之舉動，不若用斜擊之法，以全殺其出發力，令彼於未恢復餘力時，即受分掌之抨擊，爲更萬全也。此動作發展（三角筋，）（後膊筋，）（大胸筋，）（斜腹筋，）（上膊三頭筋，）（手腕筋。）第三動作之分掌，須將兩膊之力放鬆，聚全力於兩掌，以便搧擊敵人耳部或太陽穴，兩手前后出發時，如覺腰部不能完全拗轉，致兩手不能成前後直綫形，則可將后足向右略挪過二三寸。切記不可挪移太過，太過則雖鍛鍊惟勤，腰力將永無發展之機會矣。初學習此多有膝蓋未前衝，致弓式未到恰可處者，或弓式已對，而兩足距離太近，仍失其發展肌肉之作用者。每逢弓式須視膝蓋前衝，與鞋頭成直線，而兩腿又須成平水線，略見偏斜，則失其正當之姿勢也。騎馬式亦然。身體成直線形，而左右腿須成平水線，此兩式不明瞭，不足以言拳術，學者不可不稍耐痛苦，而築成此入藝之基礎也。此動作發展肌肉與第二動作無異，概從略。

潭腿第十路

第十路潭腿，動作都八紀，第一至第五動作，與第一路潭腿無絲毫異，概從略。第六動作之挑撥拳，（原名箭鐔，以字義不大明瞭，教授時暫改之。）本由擂拳寸腿改變，勿忘先將擂拳引置左胸，然后向右擊出左手須先沉下，然后向右上挑，同時以身下坐，即成騎馬式。此三動作，（左手右手，及兩足）能一致，其發勁力乃可聚而不散，其肌肉發展爲（三角筋）（後膊筋）（大胸筋）（後脊筋，）與（上腿四頭筋。）第七動作之側身掌，須先引左手至左脅（注意以掌沿貼左脅）出發，乃有疾勁，同時將右拳向後拉，以催助左掌之出發力，但右拳須緊貼右脅，否則非但姿勢不佳，且失三角筋之作用，卽失催助力之作用。蓋右肘之力不至盡頭，其力不克移至左膊而催助左掌之氣力也。此動作若能使右手之肘，左手之掌，及左足之箭部出發無絲毫快慢，則力可增數倍，而發展腰部之力爲尤大。其餘如（三角筋）（上臂三頭筋）（二頭筋）（大胸筋）及（腿踁等筋）均得發展之功用。第八動作之連環腿，又名雙擡腿，余於草第八路潭腿時，已言其有連帶之功用，因此兩種腿法，均須用足後跟之力，而最後懸空之擡腿，尤須注意，毋使出腿不直，及身體彎曲，或兩肩高聳。初學幾無人不犯此弊，苟能隨時留意而加以矯正，方不致浸成習慣也。迨兩足落地成右弓式時，一如第六路潭腿之第一動作，兩肘先靠攏，然後左右衝出，左足亦同時向後撑，藉以催助右衝拳之力。此動作因抽身懸空之作用，可發展渾身之肌肉，學者幸勿以其難於練習而忽之！須知抽身之法，雖以極懶之人，亦不能不用力，正可藉此以暢其動機，免長爲懶筋所窘也。幸爲注意！

潭腿第十一路

第十一路潭腿，最足表示活潑身手，余每用以試驗初學者之用心與否？其效驗殆百不失一。

蓋第二路潭腿之十字腿雖難練，尙有手足上下……稱，倉卒間亦可不費力而囊混過去。十一路潭腿則不然，其後躺腿之左足由左後方向右斜角踢出，其力足以搖蕩上身而有餘，兩手左右成平直線，又不能平衡上下之力，初學者於此動作，苟能兩手不搖動，右足能站穩，左足踢至定點後，而能挪步徊復左弓式者，尙有進步可言，否則可決其毫未致力於姿勢也。此路潭腿第二動作之前躺腿，初學者多犯退步不正之弊，非偏於左則偏於右，或右弓式之腿不向前拱，致全失實用上之效力，眼光注左面，右手不向下垂或左右搖動，精神始覺充足。此動作發展（大胸筋）（前腕筋）（上臂二頭筋）及（上腿四頭筋）。第三動作之後躺腿，其后撥之左掌，不可太過，太過則難臻定點，發力必散而不聚，非但無當於姿勢，抑且無裨於實用也。踢向右斜角之左腿，足趾須上竪，以符躺腿之作用，且令前脛筋突起，以掩護其脛骨，不致因蹴人而受痛楚，學者試一捫其前脛，苟足趾下壓，則脛骨較脛筋略高，足趾上竪，則脛筋較高於脛骨也。此動作肌肉之發展，如（三角筋）（前腕筋）（上臂三頭筋）（后膊筋）及（上腿四頭筋）。第四動作之折頓，右手須提高，然後跟步上前下壓，騎馬式身體須挺直，目光須注右面。此動作發展（前后頸筋）（三角筋）（上腿四頭筋）及（下脊筋）。第五動作之貫耳拳，頗有調劑左右手發力之作用，因前動作祇運用右手，其發展三角筋，亦僅限於右膊，此貫耳拳乃專注力於左手，且知左手每較右手爲弱，更利用騎馬式轉弓式之衔勢，以半身及腰部拗轉之力催助左手，彌增其發展（后膊筋）（三角筋）及（大胸筋）之效力。至上腿筋與小腿筋，因箭步后撑之勢，當然得連帶發展之功用。此路潭腿之動作，大有異於以上所詳者，且無不重有賴於腰腿兩部之力，故以之試學者之勤惰，無不驗，卽學者欲自試其造詣之深淺，亦可於此中揣摩之也。

潭腿第十二路

潭腿至十二路已告結束，第連日據窺察各方面所得，覺學者多未明瞭潭腿眞相，試就淺近一方面而言：最普通之插拳動作，多有未能合乎正當姿勢者，若長此不喩，不幾令述者起强聒無益之感乎？余明知所言終弗敵各種言情小說之悅人目而沁人脾，第以體育關夫種族甚大，故不憚贅言若此，閱者其亦稍分暇晷以研究之乎？則述者數月工夫不爲虛用矣。第十二路潭腿之第一二動作，（卽衔拳與撩陰腿）上文均已詳述無遺。唯第三動作之迴馬勢及第四動作之橫插拳；頗耐人尋味，得其竅者，覺其興味濃郁，莫與比倫，若未明其作用者，覺其味同嚼蠟，且無絲毫力量可言。蓋迴馬勢橫擂拳時，必得三定點一齊動作，始有效方，左箭足后撐之定點，催助腰部之氣力；腰部拗轉之定點，又催助右上膊之氣力；集全體之力於右橫擂拳之定點，其精神與氣勢之雄厚可知。此三定點若有絲毫快慢，則效力全失，學者不可不特別注意之也。綜觀各路潭腿，自以第十二路爲最簡單，亦似最易學習，不知只此迴馬勢轉橫擂拳，便耗去吾人無量血汁，始克明瞭其眞確之作用。至若現時學校各生之練此連形式，亦未到恰可處，遑論其精神與氣勢也。更有耗去數年練習光陰，而亦不明此動作之運用者，雖云以人負藝，然任敎授者不可不引爲己過也。此路潭腿發展上膊大腿及腰部之力居多，更可利用撩陰腿，以穩健其步武，但踢時須保持其站地之足，不少移動，否則？是後踢之力不長，仍無益於步武也。

潭腿實驗談

盧煒昌

煒昌先生，與陳公哲姚蟾伯兩先生，同爲繼霍先覺遺志，創辦精武體育會之人，亦編者之道義交也。此爲先生本十年來潭腿之實驗，敬告精武會初學會員之書，亦即先生學習拳術之進化史也。蓋其入會前本一萎靡不振之病夫，既而排除一切，竭蹶從事，百折不回，不數年之鍛鍊，竟成一金剛不磨身矣。其毅力，其決心，安得不令人敬之羨之。嗚呼！吾同胞乎？吾國國命，非已千鈞一髮，不絕如縷乎？欲挽救國命於千鈞一髮不絕如縷之際，非吾同胞自覺自悟，急起直追，人人以先生之法自效，國家社會，庶有豸焉，俠魂謹誌：

未從事技擊以前，余所陷之苦境，幾莫可以筆墨形容，藥爐茶竈，與余結不解長緣者，亦既廿有餘年矣。是時形容枯槁，冷汗長流，家人至稱余爲蒼蠅集目，亦可見當時之枯寂無生趣矣。己酉春，以熱病誤於醫藥，荏苒半年，始行發作，幾至不起，後以過服寒凉之品，又染瀉疾，精武體育會開會數日，始克到會上課。職是故也，入會之始，阻力叢生，家人無識，固無足怪，斯時余適長廣志學校，全體教員，無不力尼余行，余遊心西籍已久，固信體育之確有利而無害。於是力排衆議，積極進行，以正義曉家人，以遏慾保身體，獨居三年，勤加鍛鍊，所得效果，竟出預料之外。斯時戚友，頓改其非笑口吻，轉而贊許備至矣。余今日得享康健之樂，固蒙受堅築初基之賜，然初基之成，全賴迷信眞理之決心也。

技擊作用，如調和氣血，強固體魄，使筋骨漸成堅韌，固已盡人皆知，至其能於生理上，增進人之道德；於耐苦上，促成人之智慧；人鮮有道及之者，是固不可不言，以免湮沒其偉大之功用也。人之喜怒無常，多由氣質之偏，爲德不終，亦因精力之弱，大仁大勇非氣質精力兩有過人者，不足以當之。吾國社會日以德、智、相號召，而結果適得其反，觀此其亦有幡然變計者乎？企予望之矣。

余上拳術，課甫三日，卽覺渾身酸痛，坐臥不安，兩膝骨痛楚尤甚。斯時戚友又以內傷之言相恐嚇，此際決心最難堅定，纔思與其爲無用之病夫，曷如以身而殉志，於是賡續練習，猛進不已。不料難關甫過，精力頓增，向之酸楚惡動者，不數旬已成爲矯捷逾恆之身手矣。後以經歷情形，詢諸敎師，始知渾身乏力之時，是爲換力，蓋人未練之先，氣力偏注，未能分配體質全部，是名浮力。一經鍛鍊，四肢動作頻繁，力浮不敷支配。故覺渾身關節疼痛異常，迨習之既久，食量增而實力亦增。斯時氣血調和，筋肉發展，演藝時力由兩腋直透指尖，由脊背迂達兩踵，精、氣、神、三者併合，非但練久不覺其苦，且愈練而愈覺其趣味濃郁也。

世界徒手體操，考其發展體力之速，當以吾國拳術爲最。但其所當注意之要點何在？練者亦不可不知。人祇知四肢發力之猛，而不知其總機括則在腰脊之間，四肢動作，形式雖不無可觀，尤在以腰力運行，而精神始有附麗。故拳術要點，究在精神，而不在形式也。各種徒手體操則反是，故終難與拳術相頡頏，學者明夫此，則於技擊之道，思過半矣。

徒手體操最難發力唯然，故老幼强弱之習此者，無不相宜也。精武體育會開辦以來，會員以此問題見詢者屢矣。閱者設思以雙拳而不握絲毫重物，焉有耗力之處？學者縱極狠練，亦祇用其固有之一種浮力耳。此而云傷，則餓日奔走之苦力輩，爲糊口計，雖極疲憊，亦逼而負重疾趨者，不將絕跡於天壤間耶？以余而論，帶病磋磨，倘獲奇效，而謂體質健全者，轉因而受傷，焉其誰信之？吾國士夫，每好憑空論事，初不計其的當與否？積非成是，眞理莫明，拳術之日就湮沒，未始非受若輩影響也。

練拳者多爲世詬病，嘗考其故，未始非淺學者恃技凌人，有以致之。精武會開辦之始，多有斥爲提倡匪學者，余曰：拳術爲百藝之一，有若文學，無人不可學也。防習武者爲匪而廢棄拳術，亦將防習文者爲匪，而廢棄文學乎？匪亦啖飯者也，恐人類啖飯而成匪，將竟令其絕粒以亡，天壤間寧有是理乎？此不成理論之語，可不攻而破。第余所鰓鰓過慮者，淺學者未明拳術精奧，動輒冒昧欺人，致貽社會口實耳。精武會定章，有月費從重，年費從廉一條，正所以促進學者所詣，曉以利害，而剗除其好勇狠鬬之性也。果也八年來會員咸斤斤守禮，絕無藉故凌人舉動，此無他，語以拳術精微，毋使其自信太過，促其生理發育，令彼德性潛滋，諸同學互標本並治，其收效乃如此，各界之呵斥，尤當視爲發人深省之一助，余嘗宣相誡勉也。

練拳所忌，慾固爲一端，晚睡亦所當禁。會員有酷嗜拳術，而不能持久者，大半因失睡，有以致之，不能竟其志，良可惜也！迨學至一年，初基已立，則最忌貪多，蓋貪多則姿勢不正，姿勢不正，則實力難增。演藝時無一種猛鷙態度，雖盡諸各種武藝，不啻買櫝還珠耳。學者苟能堅守一藝，非盡抉其精華不已，久之則心領神會，曲引旁通，一藝精而無藝不精矣。每逢寒燠不時之際，學者對於技藝，易生厭惡心，此蓋生理作用使然，非學者本願也。此時切忌停止練，每習日必勉觀同學演藝，藉提其已怠之精神，更須勉强自練，藉毛管排洩作用，以暢其內部之機能。余嘗感受風寒，均以此法恢復康健，但寒邪入內，頭重脚軟，最難發力，使能强自忍耐，非得汗不止，汗出則加衣，以令其透發，斯時覺渾身如脫重縛，飄飄乎其欲仙矣。唯人無論强弱，練習無論何時，汗出不宜當風，加衣後方可靜坐。

精武會訓練學者，必以潭腿爲磨練筋骨之第一步，一輩老同學，亦似盡窺其微，每日開始練習，或每逢開運動會之先，必瘁其全力於潭腿，藉以鼓動其氣血，運行於四肢。余嘗默察會員中，其進步速者，多得力於潭腿，反是則覺有屆中等畢業時期，而成績反遠不如初等者，潭腿功用之宏，誠足令人驚嘆，而莫敢須臾離矣。其手法分十二路，每路動作，均能發展練習者之四肢，及肩膊、脊背、肺部、腰部、腹部、及指踵等肌肉，其動作簡單，以三數手法，令四肢左右重演，毫弗累及腦力，尤令人精神有所專注。余初練時，得其形式，未窺奧妙，不免忽略視之，蓋畏難好易，乃人情之常。不知學無進境，卽坐是弊，學藝之初每逢手法不能發力，便以爲無用，不知此正爲吾身肌肉之弱點，使能勤以赴之，忍痛以鍛鍊之，日積月累，則血管擴張，肌肉發展，不期力而力自來。初窺堂奧，便覺一種愉快情形，迥非筆墨所能述，斯時心有領會，鍥而不舍，發力旣順，竟能直貫指尖。故拳之所到，其力直射定點而迴還，一若有猝牽之使退者，然至定點時，筋骨砉然有聲，渾身血脈爲之一振，精神上覺有一種不可思議之感覺，此爲入藝之第二步。然終覺上身力猛，下步虛浮，發力時，每有身如懸旌之慽，繼而詢悉腰力之爲用，日夕研求，漸獲進境，練藝時，非但氣勢猛鷙，而且足踵堅定，腰力發出，四肢咸受節制，上肢前衝，下肢後掙，中部堅穩，身搖足動之弊悉除，此爲入藝之第三步。然授藝者之能事，已盡於此矣。余仍積極鍛鍊，嘗以潭腿一路，鼓氣行之，俟完乃洩氣，雖在寒天，練至兩路，已汗出如瀋，至六路已憊不能支，敎員見之，謂爲練氣之起點，而氣力已因而潛滋暗長矣。現正守此法進行，他日若有所得，當再捉筆告閱者。

潭腿手法無多，然包括拳術精義不少，練習之始，多有譏此派不下站踓功夫，難期實效者。不知效用所在，竟能越站踓功夫數倍且能引起學者之興味，有以促成其進步焉。斯非身歷其境者，不能領略其妙處。所云站踓者，兩足左右開步，身向下坐，如潭腿之騎馬式，欲使腰力下注於兩腿，藉以堅穩其步武耳。初學者旣病其乏味，成功者亦嫌其偏枯，惟站足而弗開步，偶一跳躍，無不盡失其堅穩之效能，因上身未發力之故也。不若潭腿之或蹺一足，或踊全身，支配渾身實力，養成各部自立之效能，嗟咄間但須有一足趾著地，卽可支柱全身也。細察潭腿十二路動作，多著重於兩腿，就中以寸腿爲多，踢時足趾高度，不逾一尺，故以寸名，踢時站地之足用力較離地之足爲多，否則全身搖動，或向前傾，初學者甫踢，卽欲以前足著地，以後足無力支柱全體故也。支柱之力，不在乎多，而在乎勻，蓋力勻則踵趾相應，後踵離地，則前趾發力以支柱之，後踵之策應，前趾亦然，踵趾咸著地，堅穩之步武成矣。寸腿之外，有十字腿，其發力尤著重於站地之後足。此外如第八路之穿心腿，與第十路之連環腿。第十路之連環腿，其發力咸聚於足後跟，學者非先將兩腿各關節之筋絡，日以繩引而伸之，使成彈性，則用時必不能恰到好處。第十一路之後躺腿發力時，非用大腿之力不爲功，其蹴人以足踵，故用時必先將足趾向上勾緊，與寸腿之足趾下壓，適成一反。蓋足趾上勾，則踁骨之旁筋突起，踁骨藉其掩護，不致因蹴人而受痛楚，此潭腿十二路中用腿之大略也。

第一路第四式之撩拳，動作最難得勢，身旣隨手步拗轉，稍一用力，則體向斜傾，不用力又不能使撩拳恰臻定點，致全失實用上之效能，扶偏救弊之法，自不能不注全神於斜上向後之左手。余嘗細察初學者動作，至此式時，左手沉下後，不能向上作勢，使膀成水平形，甚或將膀拗轉，掌心不向北而轉向南，此影響於撩拳之大弊也。蓋拳術之爲用，在能聯絡肢體，使其交相策應而已，使左右手能於右手上撩時，取勢迅達其應駐之止點，免令發力失其平均，則撩拳動作，自能洽合矣。潭腿每路收式，亦有機括存焉，其左手高舉，自右肩而下之動作，實欲運用右拳取敵，而先以左掌作斥堠也。右手旣從上探敵手，亦必向上迎，而平膀打出之右拳，遂直達對家胸脯矣。倘若對家先來襲擊，仍可以左掌下壓，而右拳或平衡或上托，皆維吾心之所運用。

第二路之動作凡三：均靠肢體之互相策應，始有效用，窩肚拳之發力，全靠如挽弓絃之後手屢步，拳之發力，全靠使勁引回之左膀，十字腿之能堅立不動，亦靠沉肘引回之右膀，學者苟能詳細領會，依法勤行，自不難盡窺其堂奧矣。第四路潭腿之用掌，初學最難知其由何處發力，蓋相疊之四指，未能上豎，則用掌之效力全失，學者於出掌時，試勉將四指上豎，而以他手一摸，靠近腋下之上膀，筋肉必較硬於四指未竪以前，則知掌力實爲此筋發出，使力直達掌沿，俾克遂其實用。至大指之必須緊貼心掌，乃恐其觸人而轉自受傷，故藏之，免爲累耳。

第三路潭腿第三十二式之劈拳，其發力全用膊筋，手肘切忌屈曲，於左手旋轉向西方身後時，右拳高舉至東而劈下，其動作均以肩膊之關節爲樞紐，若手肘屈曲，其力到肘即止，而劈拳即失其用矣。

第七路之彈拳，其彈力之大小每視上式輾拳發力之大小以爲衡，苟輾拳劈向左脅時，能用力以作勢，則彈拳之反張力必速而且猛，此拳只用肘肱之力，若上膀少動，則不成其爲彈拳矣。

第九路之磓鎖亦然，其下式分掌之力，亦全恃磓臂之手作勢，始能運用速而且猛也。

十二路潭腿手法最簡，學者多忽之，殊不知其精華內蘊，有總括各路潭腿之力，有培植拳術根基之力。其進步橫擂之手法，既能擴張人體之廣背筋與兩膀之三頭筋，(爲人體發力總樞紐)而同時催助膀力之腰部，復得極端發展，使能久鍥弗舍，竟其功用，各藝堂奧，當已得其八九矣。此路潭腿之得力處，在進步時前足由直而曲，後足由曲而直，同時腰部由內俯而外拗，肢體均得其發力之定點，方能恰到好處，否則徒具形式，於實際無裨也。

綜余所經歷而言：必以拳術爲體育要素者，亦自有故。蓋近年學校之採用徒手器械操，非不能發展體力，唯細考其運用肢體之法，每用力而不用氣，非若拳術之一氣呵成，既運用其肢體，復催促其呼吸，使氣血環行，無微不達。餘如變化之層出不窮，增學者之興趣，能作正當之防衛，壽人壽世，功效靡窮，非筆墨所能縷達，亦在善學者之悉心體會而已。抑尤有進者，以余昕夕研求，罔或少輟，良以斯術不啻爲排除萬難之樞紐，痼疾既賴以昭蘇，精神亦賴而振奮，至如鍛鍊筋骨，特事之小焉者耳。

潭腿之功用（錄民國前一年天鐸日報）

究武

余從事於山都之彈簧啞鈴操有年，其運動格式，都十九種，如式練習，全身筋肉發展，當時曾謂世界體操之法，無踰於此，故遇朋輩之體質孱弱者，必爲之介紹。迨舊歲霍元甲先生，創精武體操學校於海上，因就學焉。見其所謂潭腿者，方覺前時見聞之陋，而自愚更以愚人也。蓋余素輕視徒手體操，以其用力無多，進步甚緩，故假啞鈴之彈力，以促筋肉之發生，曾不料吾國技擊，祇握空拳，而筋肉發展，竟勝啞鈴萬萬也。謂非潭腿之功得乎？潭腿傳聞出自龍潭寺，故以潭名，其格式分為十二路，每路以簡易之法，蘊變化之機，初學者未窺其奧，輒鄙夷之。不知人身之力，未經鍛鍊，全屬浮虛，雖能扛鼎，何裨實用。人所貴夫力者，冀能以之貫注手足，使為我用耳。初學鮮有知此者，故僅求潭腿形式，而忽略其精粹，買櫝還珠，抑何可笑？然知而不言，咎在吾輩，故不嫌贅辭，細述其功用如左，或亦同志所不棄乎？

一長力氣：初學者，脈絡筋骨，不甚靈活，故手足發力甚微，造習之既久，氣由腋筋漸達指尖，斯時力隨意注，運動時手足出發有定點，使能勤以赴之，則筋肉日長，而氣力日增矣。

一穩步武：未經練習之人，則上下輕，足掌又不能前後著地，一經用力，自如懸旌，而足顫動不已。昔之技擊家，必先令學各站踿，然站踿手足不動，殊乏興味，潭腿法則藉手足之運動，以減學者生厭之心，可謂法良意美。唯初練數日，必覺全身酸痛異常，膝蓋尤甚，此無他，內部筋肉由多數之運動，漸漸發生故耳。際此切勿畏難，須向前猛進，不旬日間，酸痛去而足踵强矣。舊歲來學者，多有因此生疑，教員格於方言，無從解辭，而肉食輩又以內傷之說相恐嚇，致阻其嚮學之熱心，惜哉！

一致實用：潭腿非祇可能自行習練，且可覓氣力相當者，逐路對打，名曰接潭腿，行之既久，躲閃勾撇，矯捷異常，設遇對家，即可施諸實用。至手、眼、身、步法（乃北方技擊家術語，即手法、眼法、身法、步法也）之藉以日益精進，猶其餘事耳。

一堅筋骨潭腿既云可接，則手足必互相抵觸。須知抵觸愈力，則筋骨愈堅，有練未半年，其臂膊腿足堅如鑌鐵者。然精進與否？亦視其人之耐苦心如何也？惟較之昔日打樁打沙袋等事，輕重難易之相去，不可以道里計。蓋對家均係氣力相當者，已覺痛楚，則彼亦痛楚，非與木樁等相接觸，僅自己吃苦而已也。

綜上所述，不過舉其崖略，至其中變化頗難以筆墨形容，非至熟極而流之候，亦不自覺。據云：北方習武之儔，僅以潭腿一路，習之數年者，所在多有，彼足不蹴則已，一蹴則三百斤之石，滾去尋丈外，以人當之，其不斷筋骨者幾希？廣東劉君，前曾習南派技擊十餘年，每晨到會參觀，迨報名後，自願由潭腿入手，劉君曾經滄海，立意固超絕庸流，彼曾習一拳半腿，浮燥急進之輩，謬以陰手陽手之說相問難，藉以自炫，希求捷徑，罔顧根底者，豈僅對於劉君有愧色，多見其不知量耳。前月分會成立，學者七十人孳孳不倦，雖遇雨而蓬帳遮蔽，仍練習如故，星期日尤能不辭勞瘁，同赴總會，互相討論，先進之同學，亦感彼熱誠，樂爲指導，每夕派二會員，輪赴分會，以輔教員之不及，循是以往，將來學業精進，容有艾乎？不禁額手爲吾國武術前途幸。

編者按：此篇爲精武初創時練潭腿之實況並經歷之言也。爰附編末，以告同志，幸勿以明日黃花視之也可！

上海市社會局訂定

市運會比賽須知

上海市社會局主辦之本市第四屆全市運動會，將於本月二十二日在市中心區體育場開幕，各組報名業已截止，計共參加一三九校運動員一三〇三人，大會並加聘王正廷爲名譽副會長，又各校應繳保證金其未繳者，須從速補繳，將來發號布時，概憑保證金收據，大會比賽須知業已訂定，茲併錄如次：

參加統計　計公開組男子一百二十二人，女子二人，大專組男生六校四十六人，女生二校十八人，體校組體專男生二校三十七人，女生二校六人，體師男生一校二十三人，女生二校三十人，高中男生三十九校三百二十八人，女生十七校一百十二人，初中男生四十四校二百八十八人，女生二十四校一百九十七人，國術男子九十八人，女子十二人，總計一百三十九校，全體運動員一三〇三人。

比賽須知　㈠凡參加田徑賽及國術之運動員報名時，每一運動員須繳保證金國幣二十分，會畢憑號布在市體育場本會辦事處發還，如有遺失號布或報名而不到者，或到會而不參加競賽者，或違背規則而被取消資格者，均不發還㈡凡運動員均須將發給之號布（與秩序單上所定相同）二個，一置胸部，一置背部，否則不得與賽。㊂與賽員須準時至點名處點名，參加比賽，否則以放棄比賽權論。㊃運動員如已放棄比賽權者，不得重行加入比賽㊄運動員在場發現違背本會規則者，立即取消其比賽資格。㊅每一運動員前一項在何組中競賽後一項不得升降任何一組運動員如有此等情事發現，即將所得分數全部取消。㊆徑賽運動員故意推衝或斜跑，而阻礙他人之進行者，不論其發生在預賽複賽決賽時，均取消其資格㊇運動員比賽時不得用器械或其他强性刺激品增助動作，圖獲勝利。㊈決賽至少須有運動員六人，如事實上不能者，不在此例。㊉預賽與複賽每組至少取二名。⑪凡各校教練幹事及非參加運動比賽之人員，一律不准入競賽場須在看台上參觀。⑫各項運動加入人數過多，不能一次比賽時，應於決賽前舉行預賽複賽⑬運動員服裝公開組由個人自製，學校組由校代製，須整齊清潔。⑭每項比賽由大會主持者抽排各賽員先後順序。⑮各項田賽賽員應照大會排定順序試行跳擲。⑯田賽賽員之同時參加徑賽者，得由田賽裁判員之許可後，方准不照規定順序試行跳擲。⑰各項田賽成績遇有相同者，則由類同幾人多作一次比賽，試跳或試擲，加高或放下，至分勝負爲止。⑱徑賽賽員出發位置，或所跑路線，由編配股抽籤排定之。⑲運動員如有抗議等情，當於發生後一小時內用書面並繳保證金五元交審判委員會審判決定，前項抗議書審判委員會認爲無充分理由，得沒收其所繳之保證金。⑳該項抗議書公開組由本人簽名蓋章，並覓本市體育界一人具保，學校組由該運動員所屬學校體育教員及行政上之負責人員簽名蓋章。㉑該項抗議書經審判委員會決定後，不得再有抗議。

本叢書特創國貨廣告綱刊例

提倡國術之月刊叢書，特創國貨廣告綱（文化醫藥例外），以寓國術國貨兼重之意。本刊蒙黨國要人，各界聞人，力加贊助，推廣之法，特別猛敏。銷路普徧於全國之官廳，機關，學校，團體，各界，及世界各國華僑在所地。廣告効力宏大，刊例如下：

封面裏	全面	十四元
底面裏	全面	十四元
封面第二頁	全面 半面 四分之一面	十二元 八元 五元
底面第二頁	全面 半面 四分之一面	十二元 八元 五元
普通	全面 半面 四分之一面	十元 六元 四元
特別	補白	每條三元 每方五元

㊀封面底面裏外均用二色套版印不另取費

㊀代製銅版鋅版費另加

㊀代繪圖樣費另加

㊀惠登廣告者贈本叢書一冊

中華民國二十五年十月十五日出版

國術統一月刊社叢書——第一集 第三冊

本冊中心材料：向愷然著拳術傳新錄 盧煒昌著譚腿精義

主編者 姜 俠魂

發行者 國術統一月刊社

發行所 國術統一月刊社

印刷者 上海國光印書局

分發行所 上海四馬路 生活書店 校經山房 羣衆 上海雜誌公司

分售處 大公報館代辦部 各省各大書局

出版	月出一冊	全年十冊
價目	本冊三角半	大洋二元
附註	郵費在內	國外加倍
	郵票代洋以一分五分為限	

社址 上海法租界安納金路元吉里第二號 電話 八二八二一

編輯部 平濟利路景安里第二十四號